상품기획부터 계약서 작성하여 보고서까지~ 53가지 사례로 완성하는 ChatGPT

챗GPT + 엑셀 업무자동화 정석

권현욱(엑셀러) 저

MVP Microsoft® Most Valuable Professional

1
국내 최초 발간된
챗GPT 엑셀
본격 활용서

DIGITAL BOOKS
디지털북스

상품기획부터 계약서 작성하여 보고서까지~ 53가지 사례로 완성하는 ChatGPT

챗GPT + 엑셀
업무자동화
정석

| 만든 사람들 |

기획 IT·CG기획부 | **진행** 양종엽 · 이강섭 | **집필** 권현욱

표지 디자인 원은영 · D.J.I books design studio | **편집 디자인** 이기숙 · 디자인숲

| 책 내용 문의 |

도서 내용에 대해 궁금한 사항이 있으시면
저자의 홈페이지나 디지털북스 홈페이지의 게시판을 통해서 해결하실 수 있습니다.

디지털북스 홈페이지 digitalbooks.co.kr

디지털북스 페이스북 facebook.com/ithinkbook

디지털북스 인스타그램 instagram.com/digitalbooks1999

디지털북스 유튜브 유튜브에서 [디지털북스] 검색

디지털북스 이메일 djibooks@naver.com

저자 이메일 iexceller@gmail.com

| 각종 문의 |

영업관련 dji_digitalbooks@naver.com

기획관련 djibooks@naver.com

전화번호 (02) 447-3157~8

상품기획부터 계약서 작성하여 보고서까지~ 53가지 사례로 완성하는 ChatGPT

챗GPT + 엑셀
업무자동화
정석

새로운 게임체인저, 챗GPT 잘 활용하는법

참 배워야 할 것이 많은 세상입니다. 블록체인, 가상현실, 메타버스 열풍이 휩쓸고 지나간 것이 불과 얼마 전인데 이제는 어딜 가나 챗(Chat)GPT를 말합니다. 공개된 지 2개월 만에 월간 사용자 수 1억 명을 돌파했습니다. 단순한 일시적 광풍이 아니라 아이폰이나 인스타그램, 유튜브가 세상에 처음 나왔을 때 그랬던 것처럼 패러다임을 바꾸고 게임체인저가 될 것이 확실해 보입니다.

충격적인 일을 경험한 사람들의 반응은 '부정, 분노, 협상, 우울, 수용'의 감정 변화를 겪는다고 합니다. 엘리자베스 퀴블러-로스의 '분노의 5단계(Five stage of grief)' 이론입니다. 챗GPT를 접해본 사람들의 반응에서 비슷한 감정 변화가 읽힙니다.

필요한 것을 질문하면 순식간에 원하는 것을 대답하는 챗GPT를 본 사람들의 첫 번째 반응은 '놀라움'입니다. 질문에 답하는 능력은 기본 중의 기본이고, 글감을 정해주면 작문을 하거나, 반대로 긴 텍스트를 짧고 간결하게 요약하는 것도 문제없이 처리합니다. 보고서나 메일같은 비즈니스 문서를 만들고 다른 언어로 순식간에 번역하는 능력을 보면 '감탄'하게 합니다.

어디 그 뿐인가요. 챗GPT는 수필이나 소설도 쓰고 심지어는 시까지 '창작'합니다(그렇습니다. 여기저기 있는 것을 짜맞추기하는 것이 아니라 세상에 없던 것을 만들어냅니다). 인간이 다른 인공지능에 비해 차별화되는 최후의 보루로 여기던 창작을 해내는 챗GPT를 보면 '당혹감'를 느끼게 됩니다. 인간이 제공한 정보를 바탕으로 학습한 인공지능이 세상에 존재하지 않던 창작을 한다는, 그것도 엄청나게 빠르고 양질의 콘텐츠를 만든다는 사실은 사람들을 당황스럽게 하기에 충분합니다.

이쯤되면 사람들의 반응은 두 가지로 나뉩니다. '내 일자리가 챗GPT로 대체될 수 있다'는 우려에 '공포'를 느끼지만, '어떻게든 되겠지' 생각하며 현실을 외면하는 사람들이 있습니다.

또 다른 부류는 챗GPT에서 엄청난 기회를 포착합니다. 챗GPT가 직업을 대체하기보다는 직무 역량을 업그레이드하고 스스로 발전하는 데 도움을 주는 도구로 생각하는 사람들입니다. 이들에 의해 세상이 진보해왔음을 우리는 역사를 통해 알고 있습니다.

이 책의 4가지 특징

1. '국내 최초' 발간된 챗GPT 엑셀 본격 활용서

엑셀 기본 기능, 함수 사용법, 유용한 솔루션 만들기, 매크로와 VBA 코딩 등 엑셀의 전 영역에서 챗GPT를 활용하는 방법을 제대로 알 수 있습니다.

2. 3단계 접근법으로 '질문력' 체계적 향상

챗GPT를 사용해 본 분들은 '질문의 중요성'에 대해 이구동성으로 말합니다. 이 책에서 소개하는 3단계 접근법을 따라하다 보면 업무를 키워드로 '정리'하고 '제대로 질문(명령)'할 수 있는 힘이 생깁니다.

3. 오피스 프로그램 '업무 자동화'

엑셀 업무뿐만 아니라 워드에서 계약서 내용을 자동으로 수정하고, 파워포인트 슬라이드 디자인 서식을 통일하는 등 실무에서 수작업의 번거로움에서 벗어나는 다양한 아이디어를 얻을 수 있습니다.

4. 코딩 초보를 프로그래머로 만들어 주는 '색다른 체험'

코딩을 모르는 사람이라도 자신의 업무에 필요한 코드(VBA)를 만들어 활용할 수 있습니다. 코딩 초보를 VBA 프로그래머로 만들어 주는 마법같은 경험을 할 수 있습니다.

책에서 사용된 아이콘 소개

 주의   꼭 읽고 넘어가야 하는 내용입니다. 작업 시 주의하지 않으면 문제가 발생할 수 있는 경우 이 아이콘을 사용하여 주의를 환기하였습니다.

   본문 내용과 관련하여 짚고 넘어가거나 알아두면 도움이 될 사항을 알려줍니다.

   알아두면 작업을 보다 효율적으로 수행할 수 있는 다양한 방법이나 팁들을 소개합니다.

이 책이 나오기까지 도움을 주신 분들에게 지면을 통해 감사 말씀드립니다.

- '아이엑셀러 닷컴'과 유튜브 '엑셀러TV'를 변함없이 사랑해주시는 모든 분들
- 늘 옆에서 자극이 되어주는 인생의 동반자, 아내 정민
- 서점에서 아빠 책을 보면 좋아하고 때로는 위치도 옮겨놓는(?) 예지와 준우
- 한결같은 모습으로 주변 사람들의 귀감이 되는 베테랑 선생님, 동생 경태
- 올곧게 살아가는 자식들을 보며 하늘에서 흐뭇해하실 부모님
- 양종엽 본부장님과 편집을 진행하신 이기숙 실장님, 표지 작업을 해 주신 원은영 팀장님 등 디지털북스 직원 여러분

구글링 시대에는 검색 결과로 나온 정보들 중에서 적합한 내용을 얼마나 잘 선별하고 콘텐츠로 가공하느냐가 중요했다면, 앞으로는 문제를 잘 정리하고 '질문을 잘 하는 능력'이 중요해지는 시대입니다. 이 책으로 제대로 질문하는 능력을 익히셔서 다가오는 시대의 승자가 되시길 기원합니다.

인공지능과 '교감한다'는 표현이 가능할 지 모르겠습니다만, 챗GPT와 교감하면서 즐겁게 썼습니다. 집필하면서 연신 감탄을 했습니다. 즐겁고 놀라운 경험이었습니다. 독자 여러분들께서도 이 책과 함께 그런 흥미로운 경험을 함께 해보시길 기대합니다.

본문 예제 파일

책에서 언급된 예제 파일은 저자 홈페이지에서 내려받으실 수 있습니다.

(http://www.iExceller.com 접속 후 화면 하단 [엑셀러 집필 도서] 선택 또는 아래 링크 주소 이용)

◎ **링크 주소:** http://www.iexceller.com/about_books.asp

저자 권현욱 (엑셀러)

CONTENTS

CONTENTS

7가지 질문으로 챗GPT 이해하기 - 엑셀러가 '묻고' 챗GPT가 직접 '답'했다

공개된 지 5일 만에 월간 사용자 수(MAU) 100만을 넘었고, 두 달 만에 1억을 달성한 괴물 같은 존재가 있습니다. 우버 70개월, 스포티파이 55개월, 인스타그램의 30개월 기록은 말할 것도 없고 틱톡이 가지고 있던 기존 최단 기록(9개월) 마저 가뿐하게 뛰어 넘었습니다.

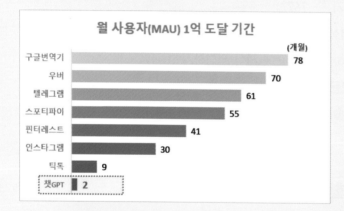

바로 인공지능(AI) 챗GPT(ChatGPT) 이야기입니다. 챗GPT가 무엇이고 앞으로 세상을 어떻게 바꿔놓게 될 지 챗GPT가 직접 대답했습니다. 들어보시죠.

> 챗GPT를 영문으로는 ChatGPT라고 표기합니다.
>
> '생성형 사전학습 변환기'를 뜻하는 GPT를 버전과 함께 표기할 때에는 'GPT-3.5'와 같은 형태로 씁니다.
>
> 이 책에서 '챗GPT'와 'ChatGPT'는 같은 뜻이며, 상황이나 문맥에 따라 적절한 것을 사용합니다.

요즘 챗GPT 모르면 대화가 안 된다고 할 만큼 사람들의 관심이 높습니다. 챗GPT가 무엇이고 우리 삶에 어떤 영향을 미칠지 궁금하지 않으신가요? 챗GPT가 직접 제시한 7가지 답변을 통해 챗GPT의 진면목에 대해 알아봅니다.

Q1   챗GPT가 뭐지?

> 챗GPT가 뭐지?
>
> 챗GPT는 OpenAI에서 개발한 대규모 언어 모델입니다. 이 모델은 딥러닝과 자연어 처리 기술을 이용하여 생성되었으며, 영어와 다른 언어의 텍스트를 이해하고 생성할 수 있습니다.
>
> 챗GPT는 주어진 문맥에서 다음 단어를 예측하는 데 사용되는 언어 모델입니다. 예를 들어, "오늘 날씨가 매우 좋습니다. 나는 밖에서"라는 문장이 주어졌을 때, "산책을 하고 싶습니다."와 같은 이어지는 단어를 생성할 수 있습니다.

챗GPT가 무엇인지 묻는 질문에 챗GPT가 내놓은 대답입니다. 챗GPT는 미국의 인공지능 연구소인 오픈AI(OpenAI)사가 개발한 인공지능(AI) 챗봇입니다. 오픈AI는 테슬라 CEO인 일론 머스크, 벤처캐피탈 투자자 피터 틸, 링크드인 회장 리드 호프먼, 와이콤비네이터 CEO 샘 알트먼 등이 2015년 설립한 비영리 회사로 현재 CEO는 샘 알트먼입니다.

Q2   다른 대화형 인공지능과는 뭐가 달라?

> 챗GPT는 다른 대화형 AI와는 뭐가 달라?
>
> 챗GPT는 다른 대화형 AI와 다른 점이 몇 가지 있습니다.
>
> 첫째, 챗GPT는 대규모의 언어 모델로서, 많은 양의 텍스트 데이터를 기반으로 학습됩니다. 이를 통해 자연스러운 대화를 생성할 수 있는 능력이 뛰어나며, 이전 대화의 문맥을 파악하여 적절한 답변을 생성하는 데 유리합니다.
>
> 둘째, 챗GPT는 Transformer 아키텍처를 사용합니다. 이는 입력 문장의 모든 단어를 동시에 처리하여 문맥을 파악하는 데 뛰어난 성능을 보입니다.
>
> 셋째, 챗GPT는 다양한 크기의 모델이 존재하며, 더 큰 모델일수록 더 많은 매개변수를 학습할 수 있습니다. 이를 통해 더 자연스러운 대화를 생성할 수 있으며, 복잡한 자연어 처리 작업을 수행할 수 있습니다.
>
> 넷째, 챗GPT는 다양한 언어에서 작동할 수 있습니다. 이는 대화 상대가 다른 언어를 사용하는 경우에도 적절한 답변을 생성할 수 있으며, 다국어 대화 시스템에서 사용할 수 있습니다.

챗GPT에서의 GPT는 'Generative Pre-trained Transformer'의 약어로, 우리말로는 '생성형 사전학습 변환기' 정도로 번역할 수 있습니다. 챗GPT의 기능은 다른 챗봇과 크게 차이나지 않지만, 그 답변의 내용은 차원이 다릅니다. 사람과 대화하는 것처럼 질문을 던지면 챗GPT가 대답해주는데, 일반적인 답변이 아니라 챗GPT가 학습한 내용을

▲ 오픈AI 회사 홈페이지

기반으로 새롭게 '창작'하여 답을 제시합니다. 이 부분은 뒤에서 예시들을 통해 자세히 살펴보겠습니다.

챗GPT의 대답이 마음에 들지 않는 경우 다른 답변을 요청할 수 있습니다(같은 대화창에서는 이전에 했던 내용을 기억하고 있습니다). 또한 답변이 도중에 끊기더라도 '계속'이라고만 입력하면 이어서 대화가 이어집니다. 이것은 챗GPT가 문맥과 질문의 맥락을 이해하고, 상황에 맞는 답변을 제시하기 때문에 가능한 일입니다.

Q3 넌 어떤 일을 잘 할 수 있어?　　　　　　　　　　　　　　　　　　　　　　　Unit

> 넌 어떤 일을 잘 할 수 있어?
>
> 저는 자연어 처리 분야에서 다양한 일을 잘 할 수 있습니다. 주로 텍스트 기반의 작업에 적합합니다. 예를 들어, 다음과 같은 일들을 수행할 수 있습니다:
>
> 1. 자연어 이해: 문장에서 의도를 추론하고, 주요 정보와 엔티티를 추출할 수 있습니다.
> 2. 자연어 생성: 문장 생성, 기사 요약, 번역 등과 같은 자연어 생성 작업을 수행할 수 있습니다.
> 3. 질의응답: 특정 주제에 대한 질문에 답변을 생성할 수 있습니다.
> 4. 챗봇: 대화형 챗봇을 만들어서, 고객 서비스나 기타 질문에 대해 자동으로 대답할 수 있습니다.
>
> 또한, 저는 다양한 분야에서 다양한 언어를 지원할 수 있습니다. 따라서, 다국어 환경에서 다양한 자연어 처리 작업을 수행하는 데 유용합니다.

챗GPT는 언어를 이해하고 사용하는 '언어인공지능'입니다. 그 중에서도 매개변수(parameter)의 크기가 일정 규모 이상인 '거대언어모델(LLM: Large Language Model)'에 속합니다. 구글의 람다는 1,370억 개, 엔비디아의 메가트론-튜링은 5,300억 개, 중국의 우다오 2.0은 1조 7,500억 개의 매개변수를 가지고 있는 것으로 알려져 있습니다.

챗GPT는 여러 버전이 출시되었으며 각 버전마다 특징이 있습니다. 다음은 각 버전 별 주요 특징을 요약한 표입니다.

버전	출시시기	주요 특징
GPT-1	2018년 6월	• 대규모 자연어 처리를 위해 개발된 최초의 GPT 모델 • 약 1.1억 개의 매개변수로 학습 • 샘플링 방식을 이용해 글을 생성
GPT-2	2019년 2월	• GPT-1보다 10배 큰 모델(15억 개 매개변수로 학습) • 인터넷의 대용량 데이터로 학습 • 텍스트 생성 능력에서 큰 발전(자연스런 문장 구사)
GPT-3	2020년 6월	• 1750억 개의 매개변수로 학습 • 이전 버전보다 더욱 향상된 텍스트 생성 능력 보유 • 소량의 입력 정보만으로도 다양한 작업 수행 가능
GPT-4	2023년 3월	• 이전 버전에 비해 정확한 답변 능력 향상 • 이미지 인식 기능 추가 • 모든 주요 프로그래밍 언어로 코딩 가능

Q4 챗GPT도 거짓말을 할 줄 알아? `Unit`

> 챗GPT가 거짓말을 할 줄 알아?
>
> 저는 인공지능 언어 모델로, 프로그래밍된 대로 대화를 진행하고 답변을 생성합니다. 하지만 거짓말이라는 개념은 인간이 가지고 있는 윤리적인 판단과 연관된 것이기 때문에, 저는 거짓말을 할 수 없습니다. 다만, 프로그래밍된 데이터와 문맥에서 충분히 학습된 내용을 바탕으로 정보를 제공하므로, 그 정보가 정확하지 않을 수 있습니다. 이러한 경우에는 잘못된 정보를 제공할 가능성이 있으므로, 항상 제공된 정보를 검증하고 신뢰할 수 있는 출처를 확인하는 것이 중요합니다.

이 대답은 거짓입니다. 챗GPT는 거짓말을 합니다. 그것도 잘 합니다. 챗GPT는 어떤 질문에 대해서든 답변을 내놓습니다. 정치적이거나 윤리와 관련된 문제에 대해서는 미리 학습된 모범 답안을 통해 리스크를 피해 가기도 합니다.

> 할리피뇨 칼국수 재료에 대해 알려줘
>
> 할리피뇨 칼국수는 한국 전통 음식 중 하나로, 진한 국물에 쫄깃한 면발이 특징입니다. 할리피뇨 칼국수의 재료는 다음과 같습니다.
>
> 1. 면발: 할리피뇨 칼국수는 면발이 매우 중요한 역할을 합니다. 보통 밀가루, 물, 소금을 섞어 반죽한 후, 고구마 전분이나 감자 전분을 섞어 반죽한 뒤, 밀가루를 뿌려 가늘게 뽑아 만듭니다.
> 2. 육수: 할리피뇨 칼국수의 국물은 육수를 사용합니다. 보통은 닭, 소, 돼지 등의 고기 뼈를 넣고 오랫동안 끓여 깊고 진한 맛을 내는 경우가 많습니다.
> 3. 고명: 할리피뇨 칼국수는 적당한 양의 고명을 넣어 줍니다. 보통 파, 마늘, 생강, 청양고추, 고춧가루 등을 함께 갈아서 사용합니다.
> 4. 기타 부재료: 칼국수에는 각종 채소나 고기류를 넣어 맛과 영양을 더해줍니다. 대표적인 예로는 양파, 대파, 무, 시금치, 돼지고기, 닭고기 등이 있습니다.

챗GPT에게 '할리피뇨 칼국수'를 만들기 위한 재료를 물었더니 이런 답변이 나왔습니다. 아시다시피 그런 음식은 존재하지 않습니다(제가 아는 한 그렇습니다). '한국 전통 음식 중 하나'라는 것은 명백히 거짓입니다. 챗GPT는 아는 것과 모르는 것을 구분하지 못합니다. 존재하지 않는 것에 대한 최선의 답은 뭐라도 만들어 내는 것이 아니라 '모르겠다'고 하는 것입니다. 그런 이유에서 질문하는 사람이 전혀 모르는 분야에 대해 챗GPT의 답변에 전적으로 의존한다면 곤란한 상황에 처할 수 있습니다. 챗GPT의 대답이 반드시 맞다고 생각하지 말고 인간이 판단하고 확인해야 합니다.

Q5 어떻게 하면 챗GPT를 업무에 잘 쓸 수 있지? `Unit`

> 어떻게 하면 챗GPT를 비즈니스 업무에 잘 쓸 수 있지?
>
> 챗GPT는 다양한 비즈니스 분야에서 활용할 수 있는 인공지능 기술 중 하나입니다. 아래는 챗GPT를 비즈니스 업무에 활용하는 방법 몇 가지입니다.
>
> 1. 대화형 챗봇 만들기: 챗GPT를 사용하여 자동으로 대화를 처리하는 챗봇을 만들 수 있습니다. 이를 통해 고객 서비스나 상담, 주문, 예약 등의 업무를 자동화할 수 있습니다.
> 2. 자동 번역: 다국어 비즈니스 업무에서는 챗GPT를 사용하여 자동 번역 서비스를 제공할 수 있습니다. 이를 통해 다양한 언어를 사용하는 고객과 원활한 커뮤니케이션을 할 수 있습니다.
> 3. 자동 요약: 비즈니스 문서나 보고서를 작성할 때, 챗GPT를 사용하여 문서를 자동으로 요약할 수 있습니다. 이를 통해 시간을 절약하고 업무 효율성을 높일 수 있습니다.
> 4. 자동 분류: 챗GPT를 사용하여 문서나 이메일, 메시지 등을 자동으로 분류할 수 있습니다. 이를 통해 업무 효율성을 높이고, 시간을 절약할 수 있습니다.
> 5. 자동 생성: 챗GPT를 사용하여 보고서, 이메일, 메시지 등을 자동으로 생성할 수 있습니다. 이를 통해 업무 생산성을 높일 수 있습니다.

챗GPT는 자연어 처리 분야에서 매우 높은 성능을 보입니다. 문서 작성이나 코딩 같은 분야에서도 상당한 수준의 능력을 보여줍니다. 검색이나 번역, 요약은 물론이고 에세이나 논문도 순식간에 만듭니다. 심지어는 시나 소설 같은 문학 작품을 '창작'할 수도 있습니다. 인간의 고유 영역이라 여겨왔던 창작 활동을 기계인 인공지능이 하는 것이죠. 챗GPT를 처음 경험해 본 사람들이 두려움을 느끼는 것도 그런 이유에서입니다. 그 충격이 오죽 컸으면 챗GPT를 접한 어느 뇌과학자는 이렇게 말했습니다.

> "내가 살아있는 동안 이 정도 대화가 가능한 AI가 등장할지 몰랐다."
>
> (김대식 KAIST 교수)

뒤에서 보겠지만 문서 작성과 관련된 것뿐만 아니라 코딩도 잘 합니다. 매크로나 VBA 코딩 경험이 전혀 없는 사람이라도 챗GPT를 이용하면 업무에 필요한 코드를 쉽게 만들어 업무 생산성을 높일 수 있습니다.

Q6 챗GPT의 한계와 사용할 때 주의할 점은 뭐지?   `Unit`

 챗GPT의 한계와 사용할 때 주의할 점은 뭐지?

챗GPT는 인공지능 언어모델 중 하나로, 자연어 이해와 생성에 대한 높은 성능을 보입니다. 하지만 여전히 몇 가지 한계와 주의할 점이 있습니다.

1. 데이터의 영향: 챗GPT는 대규모 데이터를 기반으로 학습됩니다. 따라서 모델이 생성하는 결과는 학습 데이터의 편향성을 반영할 수 있습니다. 또한, 특정 주제나 도메인에 대한 이해가 부족할 수 있습니다.
2. 일관성의 부재: 챗GPT는 생성된 결과를 학습한 데이터에 기반하여 생성하기 때문에 일관성이 없을 수 있습니다. 예를 들어, 같은 질문에 대해 다른 답변을 생성할 수 있습니다.
3. 의도치 않은 결과 생성: 챗GPT는 인간처럼 사고하지 않기 때문에, 모델이 예측하지 못한 결과를 생성할 수 있습니다. 이 경우에는 인간의 검토와 수정이 필요합니다.

챗GPT의 성능은 파라미터 수와 관련이 있습니다. GPT-3은 1,750억 개의 파리미터를 가지고 있지만 GPT-4에서는 이보다 훨씬 많은 수준을 가진 것으로 추정됩니다. 많은 파라미터는 성능을 향상시키지만 학습 및 활용하는 과정에서 인공지능이 어려움을 겪을 수도 있습니다. 챗GPT는 자신이 잘 알고 있는 분야에서 활용하면 훌륭한 도구 또는 보조자 역할을 할 수 있습니다. 생소한 분야에 대해서는 전문가의 도움이 필요합니다.

Q7 그럼 이제 검색 엔진의 시대는 끝나는 걸까?   `Unit`

챗GPT의 등장으로 이제 검색 엔진의 시대는 끝나는 걸까?

챗GPT와 같은 대화형 인공지능이 등장하여 검색 엔진이 더 이상 필요하지 않을까하는 생각이 들 수 있지만, 검색 엔진의 시대가 끝나는 것은 아닙니다.

먼저, 검색 엔진은 여전히 매우 중요합니다. 대부분의 인터넷 사용자들은 원하는 정보를 검색 엔진을 통해 찾고 있으며, 검색 엔진은 이러한 사용자들의 수많은 검색 요청을 처리하여 웹 상에서 가장 적절한 결과를 제공합니다. 검색 엔진은 인터넷에서 정보를 찾는 가장 효율적인 방법 중 하나이며, 이는 챗GPT와 같은 대화형 인공지능보다는 다른 목적을 가진 사용자들에게 여전히 필요합니다.

또한, 챗GPT와 같은 대화형 인공지능은 검색 엔진과는 다른 목적을 가지고 있습니다. 대화형 인공지능은 사용자들과 대화하면서 정보를 제공하거나, 특정 작업을 수행하는 데 도움을 줍니다. 반면, 검색 엔진은 사용자가 원하는 정보를 가능한 한 빠르게 찾아주는 것이 목적입니다.

따라서, 챗GPT와 같은 대화형 인공지능이 등장하더라도 검색 엔진은 여전히 중요하고 필요한 기술입니다. 두 기술은 서로 보완적인 역할을 하며, 각각의 장점을 살려서 사용자에게 더 나은 서비스를 제공할 수 있습니다.

인터넷 검색 엔진을 사용하면 몇 분 전에 발행된 자료나 논문도 쉽게 찾아볼 수 있지만, 챗GPT는 실시간으로 학습하고 대화를 제공하는 것은 불가능합니다. 이는 언어 인공지능이 생성된 시기를 기반으로 판단하기 때문입니다. 따라서 최신 정보가 아닐 수 있습니다. 챗GPT는 학습을 위해 충분한 시간과 데이터가 필요하며 현재는 2021년까지 학습된 것으로 알려져 있습니다. 보완할 방법도 있습니다. 최신 정보에 대해서는 확장 프로그램을 이용하면 접근할 수 있으며, 이에 대해서는 8장에서 자세히 다룹니다.

챗GPT와 검색 엔진은 각각 다른 목적을 가지고 있습니다. 검색 엔진은 최신 정보를 실시간으로 검색하여 제공하는 반면, 챗GPT는 대화형 인공지능으로, 사용자와 자연스러운 대화를 통해 정보를 제공합니다.

이전에는 구글링으로만 정보를 검색해 왔지만 이제는 두 가지 도구를 함께 사용할 수 있게 됨으로써 선택지가 더욱 늘어나고 업무를 편리하게 처리할 수 있게 되었습니다.

MEMO

챗GPT 사용 방법

챗GPT는 인공지능 챗봇으로, 사람이 질문을 하면 사람과 대화하는 것처럼 자연스럽고 효과적인 답변을 제공합니다. 놀랄 만큼 빠른 속도로 대화를 이어 나가면서 완성도 높은 문장을 생성합니다.

그렇다면 이렇게 유능한 챗GPT는 어떻게 하면 사용할 수 있을까요? 챗GPT를 사용할 수 있는 사이트에 접속하는 방법부터 화면 구성과 기본적인 사용 방법까지 알아봅니다.

챗GPT를 사용하려면 회원 가입과 몇 가지 준비가 필요합니다. 하지만 걱정하지 마세요. 간단한 인증 과정을 거치면 쉽게 사용할 수 있습니다. 준비 과정도 어렵지 않으니 함께 따라해보시죠.

01 회원 가입하기   SECTION

회원 가입을 하려면 다음 3가지가 필요합니다.

- 등록을 위한 이메일 계정
- 인증 번호를 받을 휴대폰
- 웹 브라우저

01 검색 엔진에서 'chatgpt'로 검색합니다. 챗GPT를 만든 회사인 오픈AI 사이트로 접속합니다.

02 OpeAI 사이트에서 좌측 하단에 있는 [Try ChatGPT] 버튼을 클릭합니다.

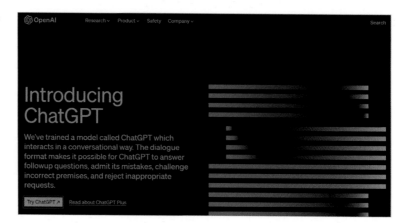

03 로그인 화면이 나타납니다. 회원 가입을 하기 위해 [Sign up] 버튼을 클릭합니다.
이미 회원 가입이 되어 있다면 [Log in]을 누르면 됩니다.

04 구글이나 마이크로소프트 메일 계정이 있으면 더 편리하게 가입할 수 있습니다만 다른 메일 계정으로도 가능합니다.
이메일 입력란에 계정을 입력하고 [Continue] 버튼을 누릅니다.

구글이나 마이크로소프트 계정이 있으면 해당 버튼을 누르세요.

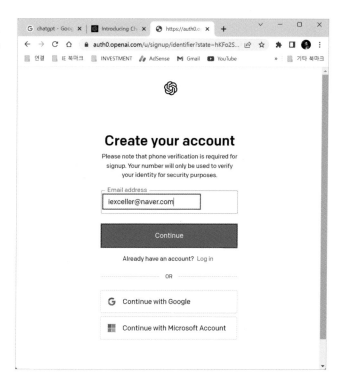

05 '암호 입력' 화면이 나타납니다. 8자리 이상으로 지정하고 [Continue] 버튼을 클릭합니다.

참고 진행 도중에 로봇인지 아닌지 확인하기 위해 특정 사물이 있는 사진 조각을 클릭하라는 등의 문제가 나올 수도 있습니다(예를 들어 '모터사이클'이나 '교통 신호등' 같은 것).

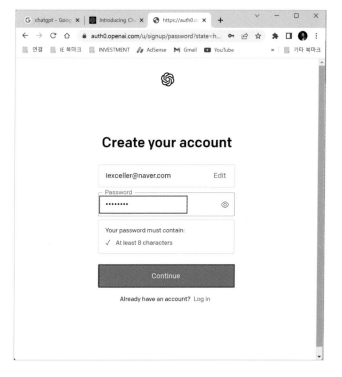

06 04단계에서 입력한 메일 계정으로 확인 메일을 보냈다는 안내가 나타납니다.

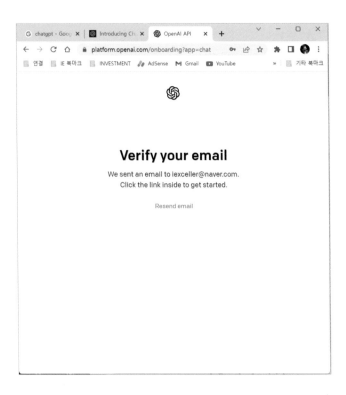

07 메일함을 열어보면 'OpenAI'사가 보낸 메일이 와 있습니다. [Verify email address] 버튼을 클릭합니다.

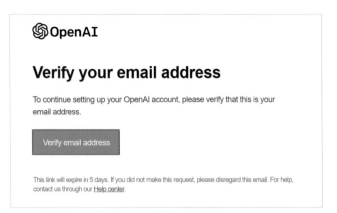

08 [Tell us about you] 화면이 나타납니다. 이름과 성을 입력하고 [Continue] 버튼을 누릅니다.

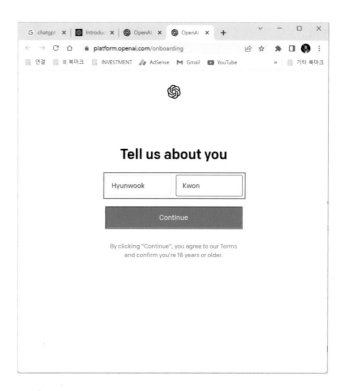

09 전화번호 확인 화면이 나타납니다. 휴대폰 번호를 입력합니다. 휴대폰 번호가 '010-1234-5678'이라면 '+82' 뒤에 '1012345678'을 입력하고 [Send code] 버튼을 클릭합니다.

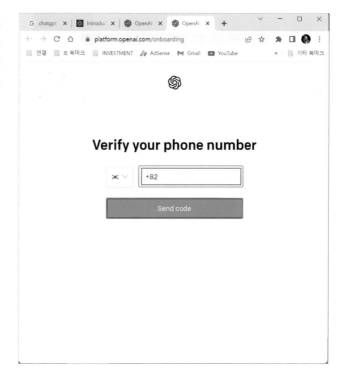

10 잠시 기다리면 등록한 휴대폰으로 문자 메시지가 옵니다. 숫자를 입력합니다.

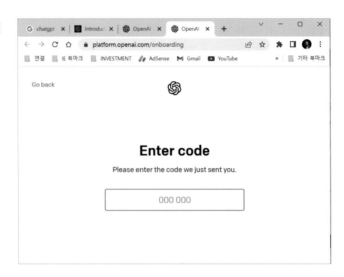

11 가입이 완료되면서 챗GPT를 사용할 수 있는 화면이 나타납니다.

TIP 회원 가입 완료 후에도 구글이나 다른 검색 엔진으로 검색을 해서 접속할 수도 있지만 URL을 이용하여 챗GPT 사이트로 바로 접속하는 방법을 추천합니다. 다음 URL을 사용하세요. https://chat.openai.com

02 챗GPT 화면 구성과 사용법   SECTION

챗GPT 화면은 크게 4개 영역으로 구분할 수 있습니다.

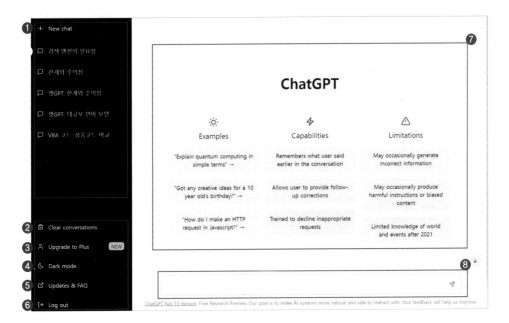

01 대화창   Unit

❶ **New chat**: 새로운 대화창을 개설합니다. 같은 대화창 안이라면 챗GPT는 이전 대화 내용을 기억할 수 있습니다. 이 점을 활용하여 대화창을 용도에 맞게 추가하면 더욱 편리하게 사용할 수 있습니다. 이와 관련해서는 168쪽('대화창을 용도에 맞게 추가해 보세요')을 참고하세요.

TIP 대화창 이름 바꾸는 법

01 'New chat' 오른쪽에 있는 연필 모양 아이콘(✎)을 클릭합니다.

02 변경할 이름을 입력하고 체크 모양 아이콘을 클릭하면 대화창 이름이 바뀝니다.

만약 새로운 대화창을 생성하려면 [New chat]을 클릭하고 프롬프트를 작성하면 됩니다.

02 설정창 Unit

❷ **Clear conversations**: 기존 대화창 내용을 한꺼번에 삭제합니다.

❸ **Upgrade to Plus**: 챗GPT 유료화 서비스를 이용할 수 있습니다. 사용자가 몰리더라도 안정적이고 빠르게 답변 받을 수 있으며, 새로운 기능을 먼저 써볼 수도 있습니다. 월 이용료는 20달러입니다. (2023년 4월 현재)

❹ **Dark mode**: 챗GPT를 다크 모드로 사용할 수 있습니다.

❺ **Updates & FAQ**: 업데이트 사항이나 자주하는 질문을 볼 수 있습니다.

❻ **Log out**: 챗GPT를 로그아웃합니다.

03 답변창 Unit

❼ 처음 접속하면 예제, 기능, 제한 사항에 대한 설명이 나타나지만 질문을 입력하면 그에 대한 답변 내용이 표시되는 곳입니다.

04 질문창 Unit

❽ 질문을 입력하는 곳입니다. 질문을 다른 말로 '프롬프트(Propmt)'라고도 합니다. 네이버나 구글의 입력창과 비슷한 역할을 합니다.

챗GPT를 사용하는 방법은 간단합니다. '질문창'에 물어보고 싶은 내용을 입력하고 Enter↵ 키를 누르거나 질문창 오른쪽에 있는 ◁ 아이콘을 클릭하면 됩니다. 예를 들어 챗GPT가 '칼퇴근'이라는 단어를 알고 있는 지, 알고 있다면 '잘 도와달라'고 입력했더니 이렇게 대답했습니다.

> 오늘은 반드시 칼퇴근을 해야겠다. 너는 '칼퇴근'이 무슨 뜻인지 알고 있어? 알고 있다면 잘 도와주길 바래
>
> 네, 저는 '칼퇴근'이 무슨 뜻인지 알고 있습니다. '칼퇴근'은 근무 시간이 끝나자마자 바로 퇴근하는 것을 의미합니다. 이는 개인의 시간을 확보하거나 다른 일을 처리하기 위해 사용되는 용어입니다.
>
> 하지만, '칼퇴근'이 항상 좋은 선택은 아닙니다. 일의 우선순위와 중요도를 고려하고, 필요한 일을 모두 처리한 후에 '칼퇴근'을 하는 것이 좋습니다. 또한, 팀원들과 협업이 필요한 경우나 긴급한 상황에서는 '칼퇴근'보다는 업무를 마치고 퇴근하는 것이 더 나을 수 있습니다.
>
> 따라서, '칼퇴근'을 할 때는 일의 상황과 필요성을 고려하고, 자신의 역량과 할 일의 양을 충분히 파악한 후에 결정하는 것이 좋습니다.

TIP 챗GPT는 같은 대화창에서라면 이전의 대화 내용을 기억합니다. 하지만 어느 정도 길이를 넘어가면 제대로 기억하지 못하게 되므로 [New chat]을 눌러 새로운 대화창을 생성하세요.

MEMO

챗GPT 프롬프트 작성 기술 5가지

"챗GPT와 제대로 대화할 수 있는 사람 구합니다. 법학 학위 보유자 우대"

영국의 어느 대형 법률회사가 낸 구인 공고입니다. 해외에서는 '프롬프트 엔지니어(Prompt Engineer)' 라는 새로운 직종이 생길 정도로 인공지능의 성장세가 빠르게 이어지고 있습니다.

챗GPT 같은 생성형 인공지능은 질문에 따라 다른 결과를 내놓기 때문에 적절한 질문을 하기 위한 노하우가 필요합니다. 챗GPT에게 질문 잘하는 방법에 대해 알아봅니다.

프롬프트(명령어)를 잘 작성하는 것은 시간과 비용에 직접적인 영향을 미칩니다. 챗GPT에서 우리가 원하는 답변을 얻기 위해서는 어떤 노하우가 필요할까요? 챗GPT로부터 원하는 답을 잘 얻을 수 있는 방법들을 정리해보았습니다.

01   상황을 구체적으로 알려주세요   Unit

단답형보다 전후 상황을 구체적으로 알려주세요. 예를 들어 "엑셀을 배우기 위한 커리큘럼을 짜줘"라고 하기보다는 "엑셀 함수를 7일 내에 배워야 하는데 어떤 순서로 공부하면 좋을까? 커리큘럼을 짜줄래?"라고 하는것이 원하는 답변을 얻을 가능성이 높습니다.

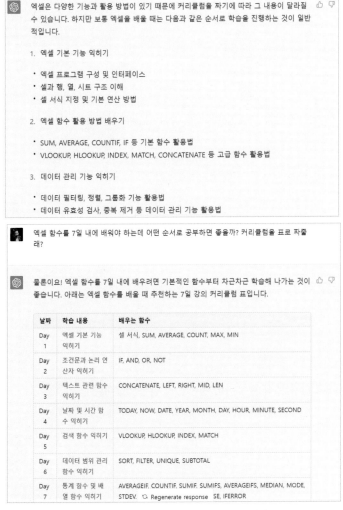

▲ '표'로 만들어 달라고 하면 표도 만들어 줍니다.

02   챗GPT에게 '역할'을 부여하세요   Unit

챗GPT에게 역할을 부여하고 대화를 진행해 보세요. 예를 들면 이런 식입니다.

"너는 국내 IT 스타트업 인사팀장이야. 이번에 신입 사원을 뽑으려고 하는데 질문을 10가지만 생성해줘. 우리 회사의 기업가치는 '혁신', '정직', '고객지향'이니까 참고해서 작성해"

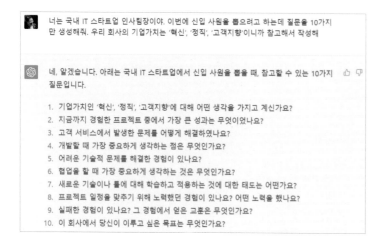

챗GPT는 같은 대화창에서는 앞에서 했던 대화를 기억할 수 있습니다. 따라서 마음에 들지 않는 문항이 있으면 다시 작성하라고 지시할 수도 있습니다.

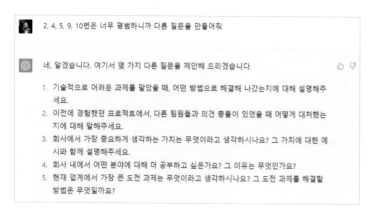

브레인스토밍을 할 때에도 활용할 수 있습니다. 상황만 잘 전달하면 얼마든지 만들어줍니다.

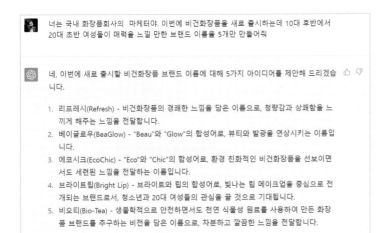

이젠 어쩌면 워크샵에 사람들이 모여서 브레인스토밍하는 광경은 추억 속에 존재하는 정다운 풍경으로 남게 될 지도 모르겠습니다.

03 영어로 질문하세요 - 영어로 질문하는 2가지 방법 Unit

챗GPT의 프롬프트는 한글로 작성해도 되지만 영어로 하면 응답 속도도 빠르고 훨씬 풍부한 결과를 얻을 수 있습니다. 문법적으로 정확하지 않아도 됩니다. 그래도 부담스럽다면 번역기를 활용해 보세요.

예를 들어 챗GPT에게 '4주 동안 매주 토요일마다 엑셀 vba를 배워야 하는데 효과적으로 배울 수 있는 커리큘럼'을 알려달라고 하면 결과를 알려줍니다. 속도가 느릴뿐만 아니라 답하는 도중에 자주 끊어집니다. 사용자가 몰리는 시간대라면 더욱 그렇습니다.

번역기를 이용하여 영어로 질문하면 이런 문제를 상당히 개선할 수 있습니다. '구글 번역기'를 사용해 보겠습니다.

01 구글 검색 엔진에 접속합니다(https://www.google.co.kr).
화면 우측 상단의 [Google 앱] – [구글 번역] 아이콘을 클릭합니다.

02 '구글 번역' 창이 나타납니다. 왼쪽 창은 '한국어', 오른쪽 창은 번역하려는 언어(여기서는 '영어')를 선택합니다.

03 [한국어] 입력 창에 질문을 작성합니다. 입력할 때마다 실시간으로 [영어]창에 번역된 내용이 표시됩니다. 번역이 완료되면 [번역 복사] 아이콘을 클릭합니다.

04 챗GPT 질문창에 붙여넣기(Ctrl + V) 한 다음 Enter↵ 키(또는 ◁)를 누르면 답변이 생성됩니다. 마우스를 이용하여 답변 부분을 범위로 지정합니다.

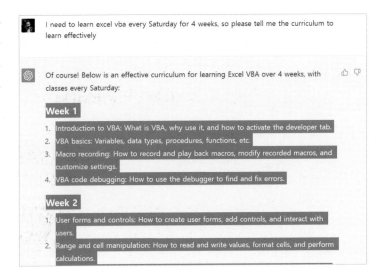

05 '구글 번역' 창으로 가서 왼쪽 창은 '영어', 오른쪽 창은 '한국어'를 선택합니다. 왼쪽 창으로 가서 Ctrl + V를 눌러 붙여넣기 하면 한글로 번역됩니다.

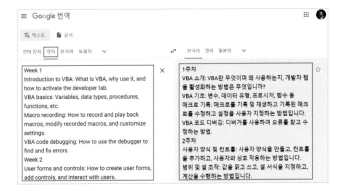

06 이 예제의 경우에는 답변의 양적인 측면에서는 큰 차이가 없지만 속도에서는 많은 차이가 납니다. 보다 특화된 주제에 대해서는 답변의 품질에서도 차이를 보이며, 답변 도중 끊김 현상도 확연히 줄어듭니다.

> **TIP** **영어로 질문하는 또 다른 방법**
>
> 챗GPT와 번역기를 오가며 작업하는 것이 번거롭다고 느끼실 수도 있습니다. '확장 프로그램'을 이용하면 이런 불편함을 해소할 수 있습니다. '프롬프트 지니'라는 확장 프로그램이 가장 널리 알려져 있습니다. 이와 관련된 자세한 내용은 183쪽을 참고하세요.

04 짧은 문장을 사용하세요 `Unit`

모호한 단어를 쓰지 말고 짧은 문장(단문)을 여러 개 사용하세요. `Shift` + `Enter↵`를 이용하면 질문창에 여러
줄을 입력할 수 있습니다. 예를 들어 이런 프롬프트가 있다고 생각해 보세요.

> "C열에 자료가 입력되어 있는데 맨 아래쪽부터 위로 올라오면서 밑에 셀과 윗 셀 값을 비교하여, 현재 셀 값이 그 윗 셀 값
> 과 서로 다르면 현재 셀 바로 위에 빈 행을 한 줄 삽입하는 코드를 작성해줘"

비슷한 말이 반복되고 있고 주어와 술어가 서로 호응하지도 않습니다. 작성한 사람조차 무슨 말을 하는 지 헷
갈릴 지경입니다. 이렇게 하기보다는 단문을 여러 개 작성하고 `Shift` + `Enter↵`로 연결하여 표현하는 것이 바
람직합니다.

> 다음 조건을 충족하는 vba 코드를 작성해줘 `Shift` + `Enter↵`
> C5셀부터 아래로 데이터가 있다 `Shift` + `Enter↵`
> 맨 아래에서 위로 올라오면서 셀 값을 비교한다 `Shift` + `Enter↵`
> 바로 윗 셀 값과 다르면 빈 행을 한 줄 삽입한다 `Enter↵`

이 방식은 해결해야 할 과제가 복잡하고 프롬프트가 길어질 경우 진가를 발휘합니다. 뒤에서 자세히 다룹니다.

05 하이퍼파라미터를 적용해 보세요 `Unit`

하이퍼파라미터(Hyperparameter)는 자연어처리 분야에서 생성 모델의 출력을 제어하거나 다양한 결과를 생
산하는 기능입니다.

무슨 소리인지 헷갈리시리라 생각합니다. 간단한 예제를 보도록 하죠. 먼저, 하이퍼파라미터를 적용하지 않았
을 때의 결과입니다.

> 신제품 '오가닉 쿠키 크럼블' 광고 문구를 한 문장으로 작성해줘
>
> "맛과 건강을 동시에 챙기는, 오가닉 쿠키 크럼블의 맛있는 선택!"

하이퍼파라미터 중 temperature를 적용하면 다음과 같은 결과가 나타납니다. temperature는 단어의 다양성을 조절하는 파라미터입니다. 0 ~ 1 사이의 값 중 지정하며(그 이상도 가능은 함), 1에 가까울수록 예측 불가능한 단어가 나타날 확률이 높습니다.

하이퍼파라미터를 여러 개 조합해서 사용할 수도 있습니다. 신제품 광고 문구를 작성하되 길이는 200글자 이내, 스타일은 신문기사체로 작성하라고 프롬프트를 작성한 결과입니다.

글쓰기에 관심이 있는 분은 다음 표를 참고하여 다양하게 시도해 보시기 바랍니다.

[표 1] 생성 관련 파라미터(일부)

파라미터명	범위	설명
temperature	0 ~ 1	• 생성되는 단어들의 확률 분포 조절 • 값이 높을수록 예측 불가능한 단어가 나타날 확률이 높아짐
top-p	0 ~ 1	• 생성되는 단어 후보 중에서 누적 확률 분포의 상위 p%에 해당하는 후보만을 선택 • 값이 높을수록 다양한 단어가 도출될 가능성이 높아짐
max_length	0 ~ 2,048	• 결과 값의 길이 지정. 여기서 숫자는 토큰 수를 뜻함 • 토큰 수에는 문장 부호도 포함되므로 실제 글자수는 이보다 적음
beam width	0 ~ 10	• 값이 높을수록 다양한 문장을 생성할 가능성이 높아짐
repetition penalty	0 ~ 1	• 중복되는 단어가 생성되는 것을 피하기 위한 파라미터 • 이 값이 높을수록 중복되는 단어 생성 확률이 낮아짐

[표 2] 텍스트 톤 / 글쓰기 스타일 관련 파라미터(일부)

파라미터명	종류
tone	angry(화난), authoritative(권위), clinical(냉담), cold(차가운), confident(자신감), cynical(냉소), emotional(감정적), empathetic(공감), excited(흥분한), formal(격식), friendly(친근), happy(행복), humorous(유머), informal(비격식), ironic(역설적), negative(부정적), neutral(중립적), optimistic(낙관적), pessimistic(비관적), positive(긍정적), sarcastic(빈정), serious(심각), Sympathetic(동조적), tentative(머뭇거림), warm(따뜻한)
writing style	academic(학술), analytical(분석), argumentative(논쟁), conversational(대화), creative(창의), critical(비판), descriptive(설명), epigrammatic(풍자), epistolary(편지), expository(설명), informative(정보), instructive(유익), journalistic(기사), metaphorical(은유), narrative(서술), news(뉴스), persuasive(설득), poetic(시), professional(전문적), satirical(풍자), technical(기술)

실제 광고에서 아래와 같은 문구를 사용하지는 않겠지만 tone을 humorouns와 sarcatic으로 각각 적용했을 때 확연한 뉘앙스 차이를 보여줍니다.

 주의

하이퍼파라미터 범위 값을 높게 주면 더 다양한 텍스트를 생성할 수 있는 반면, 무작위성과 불일치성이 증가할 수 있습니다. 의도와 동떨어진 텍스트가 나올 수 있다는 뜻입니다.

챗GPT는 앞에서 소개한 것 외에도 학습, 모델 구조, 데이터 전처리 등 다양한 하이퍼파라미터가 있습니다. 보다 세부적인 사항은 챗GPT를 통해 확인할 수 있습니다.

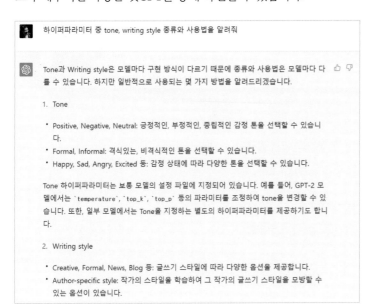

엑셀에서 챗GPT 활용하기

- 이제 성가신 작업은 챗GPT에게 맡기자

CHAPTER. 04

챗GPT는 글쓰기 능력으로 유명하지만 다양한 업무 영역에서 활용할 수 있습니다. 엑셀과 챗GPT가 만나면 놀라운 결과를 얻을 수 있습니다.

챗GPT는 엑셀의 기본 기능과 다양한 함수를 사용하여 수식을 만들 수 있습니다. 함수 이름을 몰라도 상황에 맞게 수식을 만들 수 있어 편리합니다.

챗GPT를 사용하면 실무에서 만나게 되는 여러 문제들을 쉽게 해결할 수 있습니다. 챗GPT와 함께 엑셀 작업을 쉽게 처리해보세요.

01 기본 원하는 조건에 해당하는 자료만 표시하기   SECTION

챗GPT 본격 사용에 앞서 잠깐 워밍업을 해볼까요? 엑셀에는 특정한 조건을 충족하는 데이터만 표시해 주는 기능이 있습니다. '필터'입니다. 챗GPT에게 이 기능에 대해 물어보겠습니다. 어떤 대답이 나올까요?

01 챗GPT 화면 아래쪽에 있는 입력 상자에 질문(프롬프트)을 입력합니다. 이 상자를 '질문창' 또는 '프롬프트 (Prompt) 창'이라고 합니다.

> 프롬프트 엑셀에서 원하는 조건에 맞는 자료들만 추출하는 방법은?

참고 ▶ 챗GPT에 질문할 때에는 일반적인 구어체로 하면 됩니다. 질문 뒤에 물음표를 꼭 붙여야 하는 것은 아니며, 의문문이 아 닌 명령어체로 입력할 수도 있습니다.

"엑셀에서 원하는 조건에 맞는 자료들만 추출하는 방법을 알려줘"

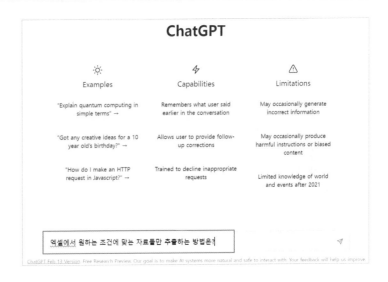

02 질문 작성이 끝났으면 프롬프트 창 오른쪽에 있는 ◁ 아이콘이나 Enter↵ 키를 누르고 잠시 기다리면 결과가 나타납니다.

> 🧑 엑셀에서 원하는 조건에 맞는 자료들만 추출하는 방법은?
>
> ⑤ Excel에서 원하는 조건에 맞는 자료들만 추출하는 방법은 여러 가지가 있습니다. 다음은 대 👍 👎 표적인 방법들입니다.
>
> 1. 필터링: 데이터의 헤더를 클릭한 후 "데이터" 탭에서 "필터" 버튼을 누르면 필터링이 적용됩니다. 필터링을 적용하면 해당 열에 있는 데이터 중 원하는 조건에 맞는 데이터만 표시할 수 있습니다.
> 2. 정렬: 데이터를 원하는 기준에 따라 정렬한 후, 조건에 맞는 데이터만 추출할 수 있습니다. "데이터" 탭에서 "정렬 및 필터" 버튼을 누르면 정렬할 수 있습니다.
> 3. 함수: 조건에 맞는 데이터를 찾기 위해 함수를 사용할 수 있습니다. 예를 들어, "IF" 함수를 사용하여 조건에 따라 값을 반환할 수 있습니다.
> 4. 피벗 테이블: 데이터를 요약하여 원하는 조건에 맞는 데이터를 추출할 수 있습니다. "데이터" 탭에서 "피벗 테이블" 버튼을 누르면 피벗 테이블을 생성할 수 있습니다.
>
> 이 외에도 다양한 방법이 있지만, 위의 방법들은 가장 일반적으로 사용되는 방법입니다.

 참고 챗GPT는 '생성형' 인공지능(AI)입니다. 이전의 학습 내용에 따라 다양한 결과가 나타납니다. 그래서 이전까지의 사용 경험에 따라 결과가 다르게 나타날 수 있습니다. 이것은 생성형 AI의 특징 중 하나입니다. 비슷하거나 심지어 같은 질문을 하더라도 다양한 결과가 나타날 수 있습니다. 따라서 원하는 정보를 얻기 위해서는 여러 번 시도해보는 것이 좋습니다.

03 필터 외에도 함수나 정렬, 피벗 테이블을 이용해도 된다고 알려줍니다. 구체적으로 어떻게 적용하는 지는 실습용 데이터를 만든 다음, 진행하겠습니다.

⚠️ **주의**

이 책에서는 '질문', '명령(어)', '프롬프트'를 같은 의미로 사용합니다. 상황에 따라 적절한 단어를 사용할 예정이니 참고하시기 바랍니다.

02 기본 **챗GPT로 실습용 데이터 표 만들기** SECTION

챗GPT는 텍스트뿐만 아니라 표도 만들 수 있습니다. 실습용 데이터 표를 만들기 위한 프롬프트를 작성합니다.

01 10행으로 된 한글 테이블을 만들기 위해 다음과 같이 입력하고 ◁ 아이콘이나 Enter↵ 키를 누릅니다.

> 프롬프트 | 필터를 연습하기 위한 테이블을 만들되 행수는 10개로 하고 한글로 작성해줘

02 실습용 테이블이 만들어졌습니다. 마우스를 이용하여 테이블을 범위로 지정하고 Ctrl + C를 눌러 복사합니다.

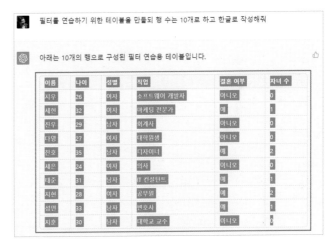

03 엑셀로 가서 빈 워크시트를 하나 삽입하고 Ctrl + V를 눌러 붙여넣기 합니다.

04 범위 오른쪽 아래에 있는 [붙여넣기 옵션]
– [주변 서식에 맞추기] 아이콘을 클릭하면
테이블이 보기 좋은 형태로 바뀝니다.

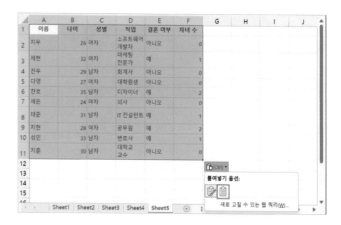

05 성별이 '여자'인 데이터를 추출하려면 어떻게 하는 지 챗GPT에게 물어봅니다.

> 프롬프트 위 테이블에서 '성별'이 '여자'인 데이터를 엑셀에서 필터하려면 어떻게 하지?

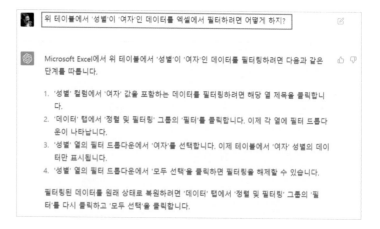

06 03 단계에서 만든 테이블로 가서 챗GPT가
알려준 순서대로 진행합니다. [데이터] 탭
– [정렬 및 필터] 그룹에서 [필터]를 클릭하
고 '성별'이 '여자'인 데이터를 선택합니다.

03　기본　여러 줄을 한 줄로 또는 반대로 하는 법　　SECTION

⊙ **예제 파일**: 예제\04장\강의시간표.xlsx

셀에 데이터를 입력할 때 Alt + Enter↵를 이용하면 '강제 줄 바꿈' 할 수 있습니다. [연습] 시트를 보면 강제 줄 바꿈을 통해 입력된 데이터가 있습니다. 만약 줄 바꿈으로 입력한 데이터를 쉼표(,)로 구분하여 한 줄로 나타내야 한다면 어떻게 하면 될까요?

01 챗GPT 프롬프트 창에 질문을 입력합니다. 질문을 입력하기 전에 자신이 하려는 바를 정리해 두면 편리합니다. 키워드를 뽑은 다음, 그것을 이용하여 질문을 작성해 보는 것이죠.

> 키워드　Alt + Enter, 강제 줄 바꿈, 한 줄로 처리, 쉼표, 엑셀

이런 정도를 키워드로 추출할 수 있겠죠? 이것을 이용하여 질문을 작성합니다.

> 프롬프트　Alt + Enter로 강제 줄 바꿈된 엑셀 데이터를 한 줄로 만들되, 쉼표로 구분하려면?

02 질문이 완성되면 프롬프트 창 오른쪽에 있는 ◁ 아이콘이나 Enter↵ 키를 누릅니다.

> Alt + Enter로 강제 줄 바꿈된 엑셀 데이터를 한 줄로 만들되, 쉼표로 구분하려면?
>
> Alt + Enter로 강제 줄 바꿈된 엑셀 데이터를 한 줄로 만들고, 쉼표로 구분하려면 다음과 같은 방법을 사용할 수 있습니다.
>
> 1. 엑셀 파일을 엽니다.
> 2. Ctrl + H를 눌러 "찾아 바꾸기" 대화 상자를 엽니다.
> 3. "찾을 내용"에 Ctrl + J를 입력합니다. 이는 줄 바꿈 문자를 나타내는 특수 문자입니다.
> 4. "바꿀 내용"을 ", " (쉼표와 공백)로 입력합니다.
> 5. "옵션"을 클릭하고 "형식"을 눌러 셀 형식 대화 상자를 엽니다.
> 6. "숫자" 탭을 선택하고 "사용자 지정" 카테고리에서 다음과 같은 형식을 입력합니다:
>   @
>   이 형식은 셀의 내용을 그대로 표시합니다.
> 7. "확인"을 누르고 "모두 바꾸기"를 클릭합니다.
> 8. 쉼표와 공백이 추가된 열을 확인합니다.
>
> 이제 셀 내부에 쉼표가 포함되어 있지 않은 경우 강제 줄 바꿈으로 구분된 셀 내부의 데이터가 쉼표로 구분되어 나타납니다. 단, 만약 셀 내부에 쉼표가 이미 포함되어 있는 경우, 이 방법은 적용되지 않을 수 있습니다. 이 경우, 데이터를 처리하기 전에 쉼표가 없는 다른 구분 기호로 변경해야 합니다.
>
> ↻ Regenerate response
>
> ChatGPT Feb 13 Version. Free Research Preview. Our goal is to make AI systems more natural and safe to interact with. Your feedback will help us improve.

03 챗GPT의 답변을 참고하여 실행해 보겠습니다. '바꾸기'를 할 때에는 범위를 먼저 지정해 두는 것이 좋습니다.
C4:G13 영역을 범위로 지정하고 [홈] 탭 – [편집] 그룹에서 [찾기 및 선택] – [바꾸기] 명령을 선택하거나 Ctrl + H를 누릅니다.

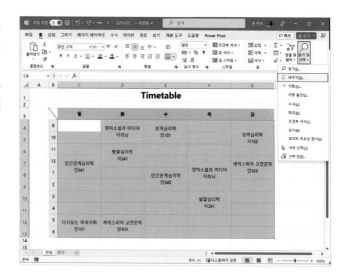

04 [찾기 및 바꾸기] 대화상자가 나타납니다. [찾을 내용] 입력란에는 Ctrl + J를 누릅니다. 이것은 줄 바꿈 기호를 입력하는 특수 문자입니다.
[바꿀 내용] 입력란에는 쉼표와 공백을 한 칸(,) 입력한 후 [모두 바꾸기] 버튼을 클릭합니다.

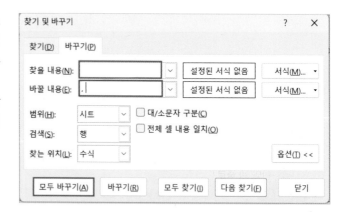

참고 줄 바꿈 기호를 눈으로 확인하기는 어렵습니다. 줄 바꿈 기호를 입력하면 커서 크기가 줄어든 채로 깜빡거리는 현상을 보고 짐작할 수 있습니다. 안 보인다고 여러 번 입력하면 오류가 발생할 수 있으므로 입력 시 주의하세요.

05 모두 11개 항목이 바뀌었다는 메시지 상자가 나타납니다. [확인] 버튼을 클릭합니다.

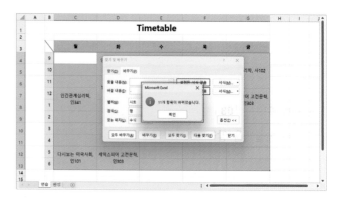

06 일부 셀은 여전히 두 줄처럼 보이지만 수식 입력줄을 보면 한 줄로 변경되었음을 알 수 있습니다.

07 열너비를 넓히면 한 줄로 표시됩니다.

참고 ▶ 만약 한 줄로 되어 있는 데이터를 강제 줄 바꿈으로 변경하려면 (04) 단계에서 [찾을 내용]과 [바꿀 내용]을 반대로 하면 됩니다.

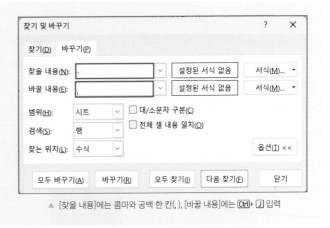

▲ [찾을 내용]에는 콤마와 공백 한 칸(,), [바꿀 내용]에는 Ctrl+J 입력

Section 01 ~ 03 예제에서 살펴본 것처럼, 엑셀의 기능을 정확히 모르더라도 상황을 잘 설명하기만 하면 챗GPT가 해결책을 알려줍니다.

04 기본 모르는 엑셀 함수 사용하는 법 SECTION

◉ **예제 파일**: 예제\04장\ChatGPT for Excel 기본.xlsx

[Sheet1]에는 각 팀의 실적 데이터가 있습니다. 여기에서 전체 팀의 합계와 평균을 구해야 합니다. 엑셀을 배울 때 가장 먼저 접하는 함수가 SUM과 AVERAGE이므로 어렵지는 않지만 이런 경우에도 챗GPT의 도움을 받으면 쉽게 해결할 수 있습니다.

잠시 여러분이 엑셀 함수를 전혀 모른다고 가정하고 함께 알아보겠습니다. 챗GPT로 엑셀 수식을 어떻게 만드는지 그 흐름을 이해하는 것이 중요합니다. 복사하기(Ctrl + C)와 붙여넣기(Ctrl + V)만 할 줄 알면 됩니다.

참고 챗GPT 활용 능력 = 정리력 + 질문력

챗GPT를 사용할 때 중요한 것은 '질문(명령)을 잘하는 것'입니다. 질문을 얼마나 조리있게 하느냐에 따라 결과가 달라집니다. 질문을 잘하기 위해서는 자신이 무엇을 하고자 하는지 명확히 알고 있어야 합니다. '내가 뭘 하려는지 내 마음 나도 몰라. 챗GPT가 알아서 해주겠지' 이런 생각으로 무작정 질문하면 먼 길을 둘러가게 될 수도 있습니다.

챗GPT에게 질문하기 전에 자신이 하려는 작업을 키워드로 나타내 보세요. 그런 다음 그 키워드 문장으로 만들어 보세요. 이 책에서 소개하는 방식으로 '❶ 업무(과제) 내용 정리 → ❷ 키워드 도출 → ❸ 프롬프트 작성'의 흐름을 따라하다 보면 업무를 키워드로 '정리'하고 '질문'하는 힘이 생깁니다.

---

01 문제 해결에 필요한 키워드를 도출하고 챗GPT 프롬프트 창에 질문을 입력합니다. 상황을 구체적으로 알려 줄수록 원하는 답변을 얻을 가능성이 높습니다. 이 예제의 키워드로는 계산을 할 셀 범위, 합계, 평균, 엑셀 수식 정도를 추출할 수 있겠습니다.

키워드 C2:C7, 합계, 평균, 수식, 엑셀

프롬프트 C3:C7 영역에 데이터가 입력되어 있을 때 합계와 평균을 구하는 엑셀 수식은?

02 이렇게 입력하고 프롬프트 창 오른쪽 끝에 있는 ◁ 아이콘이나 Enter↵ 키를 누르면 결과가 표시됩니다.

03 '합계'를 구하는 수식 부분을 범위로 지정하고 Ctrl + C 를 눌러 수식을 복사합니다.

04 워크시트로 가서 합계를 구할 셀(F3 셀)을 선택합니다. 수식을 입력해야 하므로 등호(=)를 Ctrl + V 를 눌러 수식을 붙여넣기 합니다. Enter↵ 키를 누르면 합계가 구해집니다.

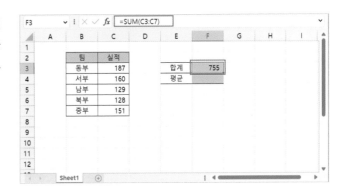

05 같은 방법으로 챗GPT 화면에서 평균을 구하는 수식을 복사해서 F4 셀에 붙여넣기 하고 Enter↵ 키를 누릅니다.

참고 이번 예제에서는 예시를 위해 가장 기본적인 엑셀 함수들을 사용했습니다만 다른 함수도 방법은 같습니다. 설령 함수 이름을 모르더라도 하고자 하는 바를 챗GPT에게 제대로 전달하면 됩니다. '분산'이나 '표준편차' 등을 구해주는 통계 함수도 마찬가지입니다.

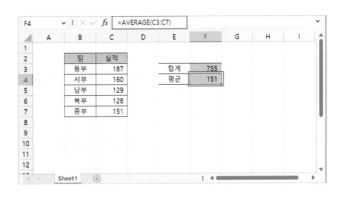

05 실무 큰 표에서 원하는 정보 찾는 법 SECTION

◉ **예제 파일**: 예제\04장\ChatGPT for Excel 기본.xlsx

책에서 소개한 예제를 비롯한 추가 자료는 다음 동영상 강의에서도 보실 수 있습니다.

▶ https://youtu.be/wW80M1xFV8Y

[Sheet2]에는 어느 카페의 품목별 단가 정보가 들어 있습니다. 특정한 품목의 단가를 구하는 수식을 챗GPT를 이용해 작성해 보겠습니다.

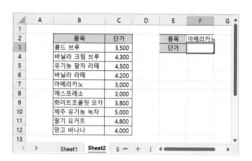

01 하려는 작업에 대한 키워드를 떠올려 봅니다. 데이터가 있는 범위(B3:C12), 가격 테이블, 단가 등을 떠올릴 수 있습니다. 키워드 도출이 끝났으면 키워드를 포함하는 문장으로 만듭니다. 옆에 신입사원이 있고, 그에게 일감을 주기 위해 하나하나 설명한다고 생각하고 프롬프트를 작성해 보세요. 신입사원은 말귀를 못 알아들을 수 있지만 챗GPT는 '대충 말해줘도 찰떡같이' 알아듣습니다.

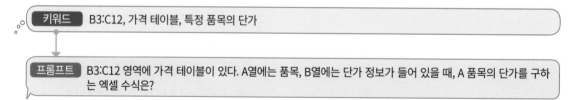

키워드 B3:C12, 가격 테이블, 특정 품목의 단가

프롬프트 B3:C12 영역에 가격 테이블이 있다. A열에는 품목, B열에는 단가 정보가 들어 있을 때, A 품목의 단가를 구하는 엑셀 수식은?

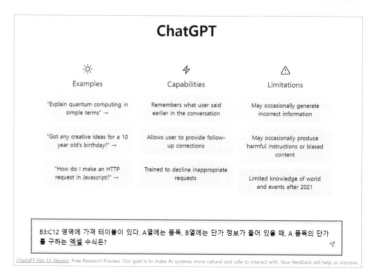

02 VLOOKUP 함수를 이용하라는 결과와 함께 해당 함수에 대한 설명이 표시됩니다. 앞 예제와는 달리 이번에는 결과 안에 창이 하나 나타났습니다. 창 오른쪽 위에 있는 [Copy Code] 아이콘을 클릭하면 수식이 클립보드로 복사됩니다.

TIP [Copy code] 창이 표시되지 않으면?

[Copy code] 창이나 아이콘은 상황에 따라 챗GPT 화면에 나타나는 경우도 있고 그렇지 않은 경우도 있습니다. 만약 [Copy code] 창이나 아이콘이 보이지 않더라도 당황하지 마세요. 복사할 부분을 마우스로 드래그하여 범위로 지정한 다음, Ctrl+C를 눌러서 복사하면 됩니다.

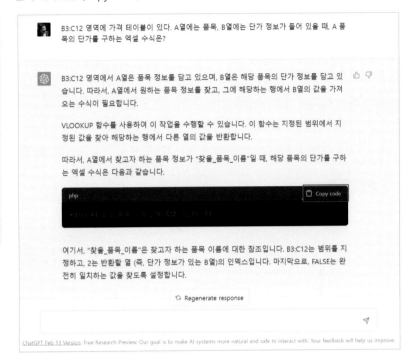

03 단가를 표시할 셀(F3)을 선택하고 F2 키를 누르면 수식 편집 상태로 바뀝니다. 이 상태에서 Ctrl + V 키를 눌러서 수식을 붙여넣기 합니다.

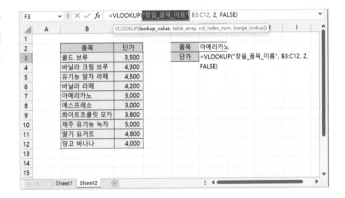

04 수식을 그대로 사용할 수는 없고 한 군데만 바꾸면 됩니다. '찾을_품목_이름'이라고 되어 있는 부분을 '품목' 정보가 들어 있는 F2 셀로 수정하고 Enter↵ 키를 누릅니다. '아메리카노'의 단가 '3000'이 표시됩니다.

F3 셀: =VLOOKUP(F2, B3:C12, 2, FALSE)

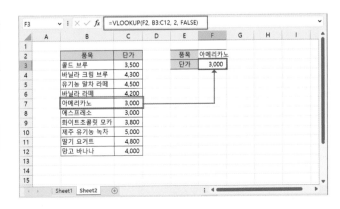

06 **기본** **이전 질문에 이어서 답 찾는 법**   SECTION

◉ **예제 파일**: 예제\04장\ChatGPT for Excel 기본.xlsx

같은 대화창에서라면 챗GPT는 이전의 대화 내용을 기억하고 있습니다. 따라서 간단하게 되물어보는 것만으로도 원하는 결과를 얻을 수 있습니다.

01 혹시 VLOOKUP 함수 말고 다른 방법은 없는 지 질문해 보겠습니다. 프롬프트 창에 이렇게 질문합니다.

> **프롬프트** 다른 함수는?

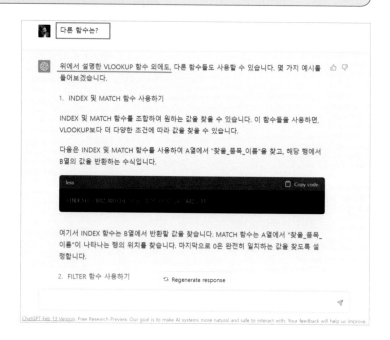

02 여러 가지 다른 방법을 추가로 알려줍니다. 이 중에서 VLOOKUP과 더불어 대표적인 참조 함수인 INDEX와 MATCH 함수를 조합한 수식을 사용해 보겠습니다. [Copy code] 아이콘을 클릭하여 수식을 복사합니다.

03 워크시트의 F5 셀로 가서 F2 키를 누르면 수식 편집 상태가 됩니다. Ctrl + V 키를 눌러서 수식을 붙여넣기 합니다. 함수의 인수를 조건에 맞게 수정합니다. 수식에 사용되는 영역의 범위를 조정하면 되겠습니다.

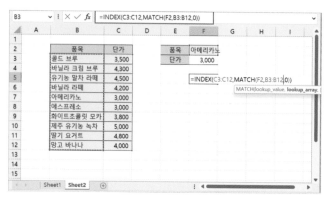

F5 셀: =INDEX(C3:C12,MATCH(F2,B3:B12,0))

04 수정이 끝났으면 Enter↵ 키를 누릅니다. 앞에서 VLOOKUP 함수를 사용했을 때와 같은 결과가 구해집니다.

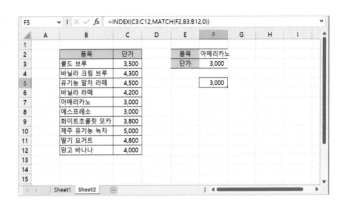

TIP **답변 도중 끊기는 경우 대처법**

답변이 진행되는 도중 실행이 중단되는 경우가 있습니다. 트래픽이 많은 시간대나 답변 내용이 길 경우에 특히 그렇습니다. 이럴 때에는 프롬프트 창에 '계속'이라고 입력하고 Enter↵ 키를 눌러 보세요

07 [기본] 긴 문자열에서 원하는 부분만 추출하기 SECTION

◉ **예제 파일**: 예제\04장\ChatGPT for Excel 기본.xlsx

이메일 주소는 세 부분으로 나눌 수 있습니다. steve@abc.com이라는 이메일 주소가 있다면 아이디(steve), 부호(@), 도메인(abc.com)으로 구분됩니다. 챗GPT를 이용하여 이메일 주소에서 아이디 부분만 추출해 보겠습니다.

01 예제 파일의 [Sheet3]에서 첫 번째 이메일 주소는 B3 셀에 있고, 아이디는 이메일 주소 중에서 @ 문자 앞 부분이라는 특징이 있습니다. 여기에 착안해서 키워드를 도출하고 질문을 작성합니다.

> **키워드** B3, 이메일 주소, @문자, 글자 추출

> **프롬프트** B3 셀에 있는 이메일 주소에서 @문자 앞에 있는 글자를 추출하기 위한 엑셀 수식은?

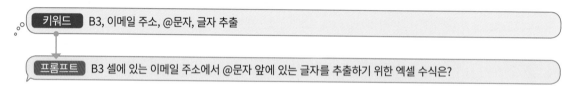

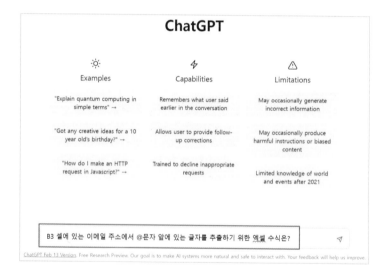

02 프롬프트 창 오른쪽의 ◁ 아이콘 또는 [Enter↵]키를 누릅니다. 수식과 함께 간단한 설명까지 표시해 줍니다. [Copy code]를 눌러 수식을 복사합니다.

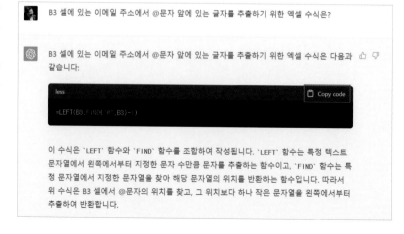

B3 셀에 있는 이메일 주소에서 @문자 앞에 있는 글자를 추출하기 위한 엑셀 수식은?

B3 셀에 있는 이메일 주소에서 @문자 앞에 있는 글자를 추출하기 위한 엑셀 수식은 다음과 같습니다:

```less
=LEFT(B3,FIND("@",B3)-1)
```

이 수식은 `LEFT` 함수와 `FIND` 함수를 조합하여 작성됩니다. `LEFT` 함수는 특정 텍스트 문자열에서 왼쪽에서부터 지정한 문자 수만큼 문자를 추출하는 함수이고, `FIND` 함수는 특정 문자열에서 지정한 문자열을 찾아 해당 문자열의 위치를 반환하는 함수입니다. 따라서 위 수식은 B3 셀에서 @문자의 위치를 찾고, 그 위치보다 하나 작은 문자열을 왼쪽에서부터 추출하여 반환합니다.

03 워크시트의 F3 셀을 선택하고 F2 키를 누릅니다. 수식 편집 상태에서 Ctrl + V를 눌러 수식을 붙여넣기 합니다.

F3 셀: =LEFT(B3,FIND("@",B3)-1)

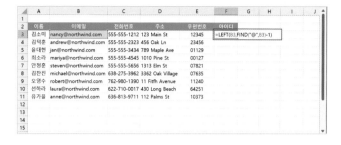

04 Enter↵ 키를 누르면 아이디가 추출됩니다. F3 셀을 선택하면 오른쪽 아래에 조그마한 네모가 나타납니다(이것을 '채우기 핸들'이라고 합니다). 채우기 핸들을 아래로 드래그하거나 더블 클릭하면 나머지 자료에 대한 아이디도 구해집니다.

TIP 특정한 문자열을 추출하거나 또는 문자열을 결합하는 것은 '빠른 채우기' 기능을 이용할 수도 있습니다. (단, Excel 2013 이상) 자세한 방법은 다음 동영상 강의를 참고하세요.

▶ https://www.youtube.com/watch?v=Honu0fMgX_g

08 실무 여러 조건을 충족하는 합계구하기   SECTION

⊙ **예제 파일**: 예제\04장\담당별 매출 실적.xlsx

특정한 조건을 충족하는 데이터의 합계를 구하는 작업은 실무에서 빈번하게 사용됩니다. '담당별 매출 실적' 데이터에서 지정한 조건을 충족하는 데이터의 합계를 구하는 수식을 챗GPT를 이용하여 작성해 보겠습니다.

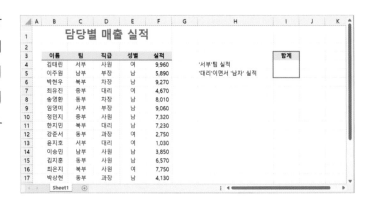

---

01   처리할 조건이 한 가지인 경우   Unit

01 C열에 있는 데이터 중에서 팀명이 '서부'인 실적의 합계를 구하는 수식을 챗GPT로 만들어 보겠습니다. 팀명과 실적이 있는 셀 범위를 키워드로 떠올려 보고 프롬프트를 작성합니다.

> **키워드** 팀명(C4:C23), 서부, 실적(F4:F23)

> **프롬프트** C4:C23 셀의 값이 '서부'이면 이에 해당하는 F4:F23 셀 값을 더하는 엑셀 수식은?

02 ◁ 아이콘이나 Enter↵ 키를 누르면 수식이 작성됩니다. [Copy code]를 클릭하여 수식을 복사합니다.

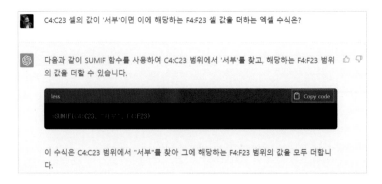

03 I4 셀을 선택하고 수식 입력줄을 클릭합니다(F2 키를 눌러도 됩니다). Ctrl + V 를 눌러서 수식을 붙여넣기 합니다.

04 Enter↵ 키를 누르면 결과가 표시됩니다.

02　처리할 조건이 두 가지인 경우　`Unit`

01 이번에는 '직급'이 '대리'이면서 '성별'이 '남자'인 실적의 합계를 구하겠습니다. 키워드를 도출하고 프롬프트를 작성합니다. 조건이 늘어났을 뿐 기본적인 방법은 앞의 경우와 비슷합니다.

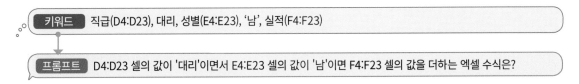

키워드　직급(D4:D23), 대리, 성별(E4:E23), '남', 실적(F4:F23)

프롬프트　D4:D23 셀의 값이 '대리'이면서 E4:E23 셀의 값이 '남'이면 F4:F23 셀의 값을 더하는 엑셀 수식은?

02 프롬프트 작성 후 Enter↵ 키나 ⬙ 아이콘을 누릅니다. 결과가 표시되면 [Copy code] 아이콘을 클릭합니다.

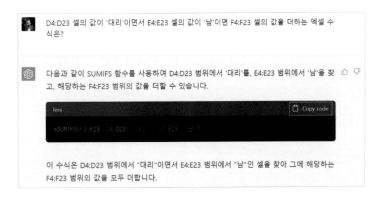

03 I5 셀을 선택하고 수식 입력줄을 클릭합니다. Ctrl + V 를 눌러서 수식을 붙여넣기 합니다.

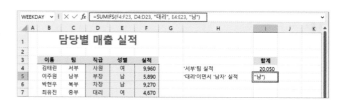

04 Enter↵ 키를 누르면 결과가 표시됩니다.

이번 예제에서 사용한 방법을 응용하면 조건이 몇 가지가 되든 상관없이 문제를 해결할 수 있습니다.

09 기본 두 자료에서 중복 데이터 쉽게 찾아내는 법   SECTION

⊙ **예제 파일**: 예제\04장\중복 데이터 찾기.xlsx

[출고리스트] 시트에는 2개의 '일자별 출고 리스트'가 있습니다. 각 출고리스트를 비교하여 '출지번호'가 중복된 데이터에 표시를 해 보겠습니다. 챗GPT의 안내대로 따라하면 쉽게 해결할 수 있습니다.

01 키워드를 생각해 보고 질문을 구성합니다.

키워드 워크시트, 2개 열 비교, 같은 데이터 찾기

프롬프트 엑셀 워크시트에서 A열의 데이터와 B열의 데이터를 비교하여 같은 데이터가 있는 지 확인할 방법이 있을까?

02 챗GPT 프롬프트 창에 질문을 입력하고 Enter↵나 ◁ 아이콘을 클릭합니다. '조건부 서식'을 이용하면 되며, 어떤 순서로 진행하는지 정보를 알려줍니다.

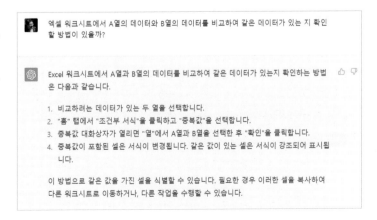

> 엑셀 워크시트에서 A열의 데이터와 B열의 데이터를 비교하여 같은 데이터가 있는 지 확인할 방법이 있을까?

> Excel 워크시트에서 A열과 B열의 데이터를 비교하여 같은 데이터가 있는지 확인하는 방법은 다음과 같습니다.
>
> 1. 비교하려는 데이터가 있는 두 열을 선택합니다.
> 2. "홈" 탭에서 "조건부 서식"을 클릭하고 "중복값"을 선택합니다.
> 3. 중복값 대화상자가 열리면 "열"에서 A열과 B열을 선택한 후 "확인"을 클릭합니다.
> 4. 중복값이 포함된 셀은 서식이 변경됩니다. 같은 값이 있는 셀은 서식이 강조되어 표시됩니다.
>
> 이 방법으로 같은 값을 가진 셀을 식별할 수 있습니다. 필요한 경우 이러한 셀을 복사하여 다른 워크시트로 이동하거나, 다른 작업을 수행할 수 있습니다.

03 챗GPT의 조언대로 실행해 보겠습니다. 예제 파일의 [출고리스트] 시트를 엽니다. '출지번호'가 있는 2개의 범위를 지정합니다. Ctrl 키를 누른 채 B4:B23, H4:H24 영역을 선택하면 됩니다.

04 [홈] 탭 - [스타일] 그룹에서 [조건부 서식] - [셀 강조 규칙] - [중복 값]을 선택합니다.

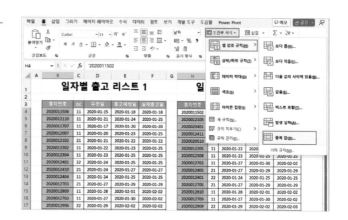

05 [확인] 버튼을 클릭하면 중복된 값이 있는 셀은 서식이 변경됩니다. [중복 값] 대화상자를 통해 [중복]이 아닌 [고유] 값에 서식을 지정할 수도 있고, 표시할 서식도 다양하게 지정할 수 있습니다.

TIP 조건부 서식을 이용하여 중복 데이터를 찾는 방법은 다음 동영상 강의에서도 보실 수 있습니다.

▶ https://youtu.be/ezOXBYNHgZY

10 실무 특정 영역은 대문자로만 입력받기   SECTION

⊙ **예제 파일**: 예제\04장\사업장 코드 대문자 입력.xlsx

같은 형식의 데이터를 여러 사람이 나눠서 작성할 때, 입력 방식이 다르면 나중에 집계할 때 곤란을 겪을 수 있습니다. 영문 대소문자 입력도 그런 경우에 해당합니다. 워크시트의 특정 영역은 영문 대문자만 입력되도록 하는 방법에 대해 알아보겠습니다.

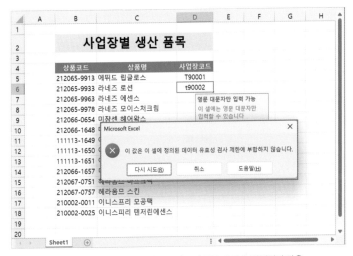

▲ 영문 소문자를 입력하면 오류가 표시되고 더 이상 진행되지 않음

01 요구 조건이 명확하니 키워드도 심플합니다. 키워드를 조합하여 프롬프트를 작성합니다.

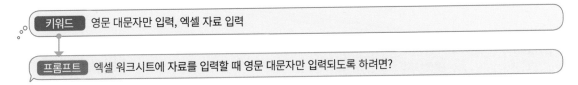

> **키워드** 영문 대문자만 입력, 엑셀 자료 입력

> **프롬프트** 엑셀 워크시트에 자료를 입력할 때 영문 대문자만 입력되도록 하려면?

02 '데이터 유효성 검사' 기능과 수식을 사용하라고 답을 줍니다. 답변 내용을 실제 데이터에 적용해 보죠. '=EXACT(UPPER(A1),A1)' 수식을 범위로 지정하고 Ctrl + C를 눌러 복사합니다.

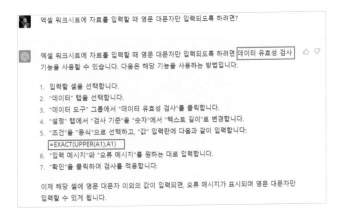

03 예제 파일의 [연습] 시트에서 D5:D18 영역을 범위로 지정하고 [데이터] 탭 – [데이터 도구] 그룹에서 [데이터 유효성 검사]를 선택합니다.

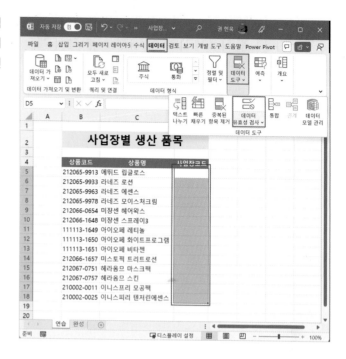

04 [데이터 유효성] 대화상자의 [설정] 탭에서 [제한 대상] – [사용자 지정]을 선택합니다. [수식]란을 클릭한 다음 Ctrl + V를 눌러서 02 단계에서 복사한 수식을 붙여넣기 합니다. 유효성 검사를 적용할 범위가 D5 셀부터 시작되므로 수식의 주소를 바꿔줍니다.

05 [설명 메시지] 탭을 선택하고 [제목]과 [설명 메시지]를 입력합니다. 필요에 따라 [오류 메시지] 탭을 선택하고 오류 메시지를 지정할 수도 있습니다. [확인] 버튼을 클릭합니다.

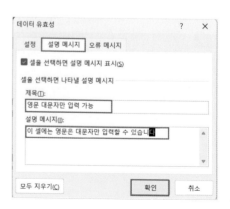

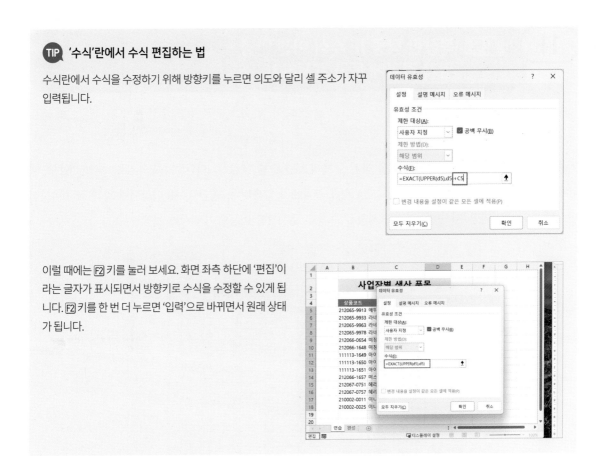

TIP **'수식'란에서 수식 편집하는 법**

수식란에서 수식을 수정하기 위해 방향키를 누르면 의도와 달리 셀 주소가 자꾸 입력됩니다.

이럴 때에는 F2 키를 눌러 보세요. 화면 좌측 하단에 '편집'이라는 글자가 표시되면서 방향키로 수식을 수정할 수 있게 됩니다. F2 키를 한 번 더 누르면 '입력'으로 바뀌면서 원래 상태가 됩니다.

06 D5:D18 영역을 클릭하면 앞에서 지정한 설명 메시지가 나타납니다. 만약 영문 소문자를 입력하면 오류 메시지가 표시됩니다.

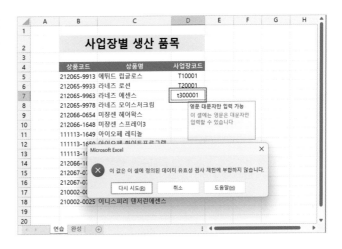

11 실무 복잡한 다중 IF 수식 이젠 안녕 – 평가 결과에 등급 표시하기

SECTION

◉ **예제 파일**: 예제\04장\상반기 OA 평가 결과.xlsx

엑셀 함수를 배우다가 조건 분기 처리를 하는 단계에 오면 슬슬 헷갈립니다('내가 IF문의 괄호를 몇 번 열었지?', '이 위치에서 괄호를 닫는 게 맞나?'). 어느 회사의 OA 평가 결과표가 있습니다. '평균'이 80 이상이면 '우수', 60 이상이면 '보통', 60 미만이면 '재시험'이라고 표시하는 수식을 챗GPT를 이용하여 작성해 보겠습니다.

	A	B	C	D	E	F	G	H	I	J
1				상반기 OA 평가 결과						
2										
3	부서명	사번	이름	직급	엑셀	워드	PPT	평균	등급	
4	인사팀	A08399	이수영	과장	81	97	85	88	우수	
5	인사팀	A09096	이재영	대리	39	95	35	56	재시험	
6	인사팀	A01081	박진아	사원	63	91	69	74	보통	
7	총무팀	A07861	최유진	과장	90	80	85	85	우수	
8	총무팀	A02401	정태희	과장	73	89	49	70	보통	
9	영업2팀	A03300	강혜원	차장	89	61	59	70	보통	
10	영업지원팀	A06707	윤준호	대리	55	36	39	43	재시험	
11	영업3팀	A09004	손지호	과장	65	72	55	64	보통	
12	재무팀	A08482	한지원	대리	72	31	57	53	재시험	
13	영업3팀	A01009	임승현	과장	78	59	81	73	보통	
14	인사팀	A06164	나영채	대리	97	90	31	73	보통	
15	법인영업팀	A08885	문영서	사원	100	90	76	89	우수	
16	홍보팀	A06683	서윤주	사원	55	46	47	49	재시험	
17	재무팀	A09619	김준서	대리	34	74	97	68	보통	
18	법인영업팀	A01940	박윤식	대리	47	36	87	57	재시험	
19	총무팀	A03028	최은직	사원	85	77	83	82	우수	
20	영업지원팀	A05402	정선영	대리	85	88	91	88	우수	

사원명단 | 평가결과(연습) | 평가결과(완성)

01 수식을 작성하기 위한 키워드를 추려냅니다. 헷갈리는 다중 IF 문은 챗GPT가 작성해 주겠지만 그러기 위해 상황을 자세히 설명해 줘야겠죠?

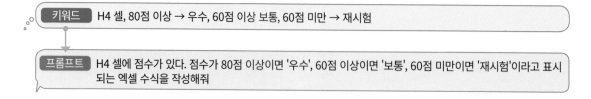

> **키워드** H4 셀, 80점 이상 → 우수, 60점 이상 보통, 60점 미만 → 재시험

> **프롬프트** H4 셀에 점수가 있다. 점수가 80점 이상이면 '우수', 60점 이상이면 '보통', 60점 미만이면 '재시험'이라고 표시되는 엑셀 수식을 작성해줘

02 Enter↵ 키나 ◁ 아이콘을 클릭합니다. IF를 두 번 사용한 다중 IF 수식이 순식간에 만들어졌습니다. [Copy code]를 클릭하여 수식을 복사합니다.

TIP 조건이 더 복잡하더라도 상황만 제대로 전달한다면 문제없습니다. 예를 들어, 분기 처리할 조건이 그림과 같이 복잡하더라도 IF가 4번 들어간 다중 IF 수식을 뚝딱 만들어줍니다.

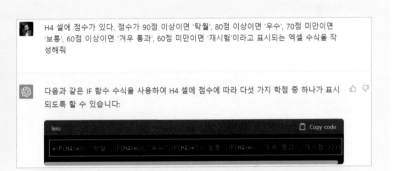

03 워크시트의 I4 셀을 선택합니다. 수식 입력줄을 클릭한 다음 Ctrl + V를 눌러 수식을 붙여넣기 합니다. Enter↵ 키를 누르면 등급이 구해집니다.

04 I4 셀 우측 하단의 '채우기 핸들'을 더블 클릭하여 수식을 채워 넣습니다.

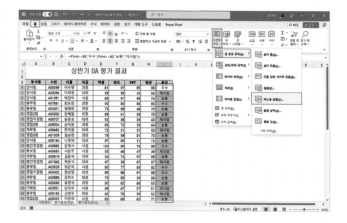

05 '조건부 서식'을 적용하여 특정 단어가 있는 셀에 서식을 지정하면 더욱 알아보기 쉬운 자료가 됩니다. 등급이 '재시험'인 데이터에 별도 서식을 지정해 보겠습니다. '등급'이 들어 있는 I4:I52 영역을 범위로 지정합니다. [홈] 탭 - [스타일] 그룹에서 [조건부 서식] - [셀 강조 규칙] - [텍스트 포함] 명령을 선택합니다.

TIP 넓은 범위를 선택할 때 단축키를 이용해 보세요. I4 셀을 선택하고 Ctrl + Shift + ↓를 눌러 보세요. 맨 아래 셀까지 한 번에 선택됩니다. 참고로, Ctrl + Shift + →를 누르면 영역의 맨 오른쪽까지 한꺼번에 선택할 수 있습니다. 단, 데이터 중간에 공백이 있으면 공백 전까지만 선택됩니다. 공백 데이터가 있는지 항상 확인하고 사용하세요.

Ctrl + Shift + → 영역의 오른쪽 끝까지 한 번에 선택
Ctrl + Shift + ↓ 영역의 아래쪽 끝까지 한 번에 선택

06 [텍스트 포함] 대화상자에서 [다음 텍스트를 포함하는 셀의 서식 지정]란에 '재시험'을 입력하고 [적용할 서식]을 지정합니다.

07 [확인]을 클릭하면 '재시험' 등급에만 서식
이 지정되므로 쉽게 알아볼 수 있습니다.

	A	B	C	D	E	F	G	H	I	J
1				상반기 OA 평가 결과						
2										
3	부서명	사번	이름	직급	엑셀	워드	PPT	평균	등급	
4	인사팀	A08399	이수영	과장	81	97	85	88	우수	
5	인사팀	A09096	이재영	대리	39	95	35	56	재시험	
6	인사팀	A01081	박진아	사원	63	91	69	74	보통	
7	총무팀	A07861	최유진	과장	90	80	85	85	우수	
8	총무팀	A02401	정태희	과장	73	89	49	70	보통	
9	영업2팀	A03300	강혜원	차장	89	61	59	70	보통	
10	영업지원팀	A06707	윤준호	대리	55	36	39	43	재시험	
11	영업3팀	A09004	손지호	과장	65	72	55	64	보통	
12	재무팀	A08482	한지원	대리	72	31	57	53	재시험	
13	영업3팀	A01009	임승현	과장	78	59	81	73	보통	
14	인사팀	A06164	나영채	대리	97	90	31	73	보통	
15	법인영업팀	A08885	문영서	사원	100	90	76	89	우수	
16	홍보팀	A06683	서윤주	사원	55	46	47	49	재시험	
17	재무팀	A09619	김준서	대리	34	74	97	68	보통	
18	법인영업팀	A01940	박윤식	대리	47	36	87	57	재시험	
19	총무팀	A03028	최은지	사원	85	77	83	82	우수	
20	영업지원팀	A05402	정선영	대리	85	88	91	88	우수	

사원명단   평가결과(연습)   평가결과(완성)   ⊕

12 [기본] 파일과 시트 이름을 셀에 나타낼 수 있을까?

SECTION

⊙ **예제 파일**: 예제\04장\파일과 시트 이름 표시

보고 자료를 만들고 나서 출력을 할 때 파일 이름이나 시트 이름을 함께 표시해 두면 관리하기도 좋고 편리할 때가 많습니다. 머리글이나 바닥글에 문서나 시트 이름을 삽입하는 것은 많이 알려져 있습니다([파일] – [인쇄] – [페이지 설정] – [머리글/바닥글]에서 지정).

워크시트의 특정한 셀에 통합 문서의 이름이나 시트 이름을 표시하면 더욱 편리할 수 있습니다.

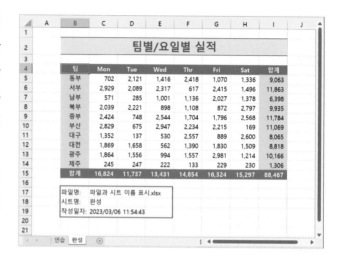

01 질문 자체는 간단하니까 챗GPT 프롬프트 창에 바로 입력합니다.

> [프롬프트] 시트에 파일명을 표시해 주는 엑셀 수식은?

02 Enter↵ 키나 ◁ 아이콘을 누릅니다. 2개의 수식을 알려주는군요. 앞의 수식은 경로명이 포함된 전체 이름(Fullname)을 구해줍니다. 그 아래 수식은 말 그대로 파일 이름만 알려줍니다. 여기서는 두 번째 수식에 있는 [Copy code]를 클릭합니다.

03 [연습] 시트 C17 셀에서 F2 키를 눌러 수식 편집 상태로 전환합니다. Ctrl + V를 눌러 수식을 붙여넣기 하고 Enter↵ 키를 누르면 현재 통합 문서 이름이 표시됩니다.

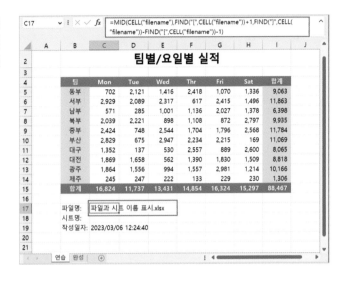

04 이번에는 시트 이름을 워크시트에 표시해 보겠습니다. 프롬프트 창에 질문을 바로 입력합니다.

> **프롬프트** 시트에 현재 시트명을 표시해 주는 엑셀 수식은?

05 Enter↵ 키나 ◁ 아이콘을 클릭합니다. 앞에서와 마찬가지로 2개 수식을 알려줍니다. 앞의 수식은 파일 이름까지 포함된 시트명을 구해줍니다. 그 아래 수식은 워크시트 이름만 구해줍니다. 두 번째 수식에 있는 [Copy code]를 클릭합니다.

06 [연습] 시트 C18 셀에서 F2 키를 누르면 수식 편집 상태가 됩니다. Ctrl + V를 눌러 수식을 붙여넣습니다. Enter⏎ 키를 누르면 현재 시트 이름이 나타납니다.

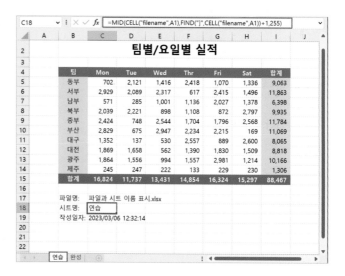

> **TIP** 셀에 날짜나 시간을 입력하면 열 너비가 자동으로 늘어납니다. 그렇다고 열 너비를 줄이면 '####' 표시가 나타납니다. 이럴 때에는 TEXT 함수를 사용해 보세요. [완성] 시트 C19 셀에는 아래 수식이 입력되어 있습니다.

```
=TEXT(NOW(),"yyyy/mm/dd hh:mm:ss")
```

NOW는 현재 날짜와 시간을 알려주는 함수입니다. yyyy/mm/dd는 년도/월/날짜, hh:mm:ss는 시/분/초를 뜻하는 '서식 코드'입니다. 날짜, 시간을 지정한 자릿수에 맞게 표시해 줍니다.

13 응용 처음 보는 데이터에서 이상치 쉽게 파악하는 법 SECTION

⊙ **예제 파일**: 예제\04장\이상치 파악하기.xlsx

어느 작업장의 라인별 수치 데이터가 있습니다. 경험 많은 실무자라면 숫자를 한 번 훑어보는 것 만으로도 이상치(Outlier)를 쉽게 파악할 수 있겠지만 그렇지 않다면 숫자를 자세히 검토해 보아야 합니다. 데이터로부터 이상치를 쉽게 찾는 방법이 있는지 챗GPT를 통해 알아볼까요?

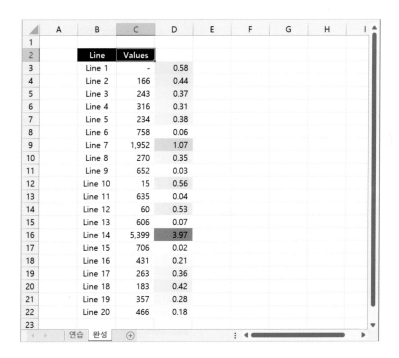

01 키워드를 추출하고 프롬프트를 작성합니다. 상황이 간단하다면 바로 프롬프트를 작성할 수도 있겠습니다.

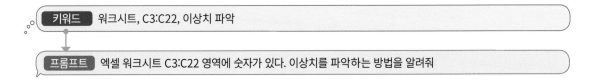

키워드 워크시트, C3:C22, 이상치 파악

프롬프트 엑셀 워크시트 C3:C22 영역에 숫자가 있다. 이상치를 파악하는 방법을 알려줘

02 프롬프트 창에 질문을 입력하고 Enter↵ 나 ◁ 아이콘을 클릭합니다. 챗GPT가 몇 가지 방법을 알려줍니다. 이 중에서 Z-score를 이용하는 방법을 적용해 보겠습니다. Z-score를 계산하기 위한 수식을 범위로 지정하고 Ctrl + C 를 눌러 복사합니다.

참고 ▶ 생성형 AI의 특성으로 인해 챗GPT의 결과는 앞의 그림과 다르게 나타날 수 있습니다. 만약 Z-score를 이용하는 방법이 나오지 않으면 앞의 질문에 추가해서 다시 요청해 보세요.

프롬프트 Z-score를 이용하여 이상치를 찾는 방법을 알려줘

03 워크시트의 D3 셀을 선택하고 수식 입력줄을 클릭합니다. 챗GPT가 알려준 수식을 바로 사용할 수는 없고 일부 수정이 필요합니다. Ctrl + V 키를 눌러 수식을 붙여넣기 합니다. 평균과 표준편차를 구하는 부분을 절대 주소 형태로 변경하고 Enter↵ 키를 누릅니다.

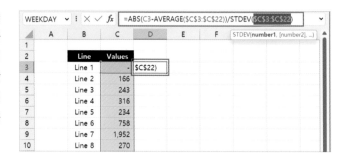

TIP 셀 주소 형식을 바꿀 때에는 F4 키를 이용하면 편리합니다. F4 키를 한 번 누를 때마다 절대 주소 → 혼합 주소(행 고정) → 혼합 주소(열 고정) → 상대 주소 형태로 바뀝니다.

04 D3 셀 우측 하단의 '채우기 핸들'을 더블 클릭하여 수식을 아래로 복사합니다. 일반적으로 Z-score가 3 이상인 데이터는 이상치로 판단할 수 있다고 알려져 있습니다. 지금 상태에서도 3에 근접한 데이터를 알 수 있지만 데이터 량이 많다면 [조건부 서식] 기능을 이용하면 더욱 쉽게 파악할 수 있습니다.

05 D3:D22 영역을 범위로 지정하고 [홈] 탭 – [스타일] 그룹에서 [조건부 서식] – [색조] – [빨강 – 흰색 색조] 명령을 선택합니다.

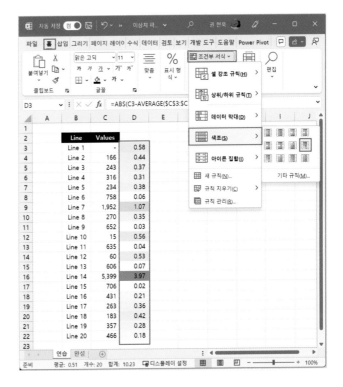

06 지정한 영역에 조건부 서식이 지정되었습니다. 숫자의 크기를 보지 않더라도 셀 색상이 빨간색에 가까울수록 이상치에 근접한 값임을 시각적으로 바로 알 수 있습니다.

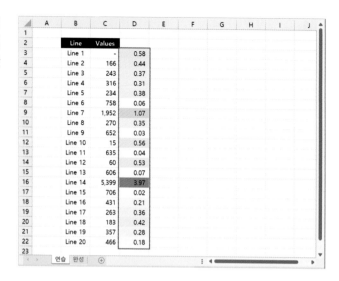

14 실무 매출금액별 인센티브 계산하기 SECTION

⊙ **예제 파일**: 예제\04장\인센티브 계산하기.xlsx

"인센티브 금액으로 얼마를 지급할 지 결정하기 위한 시뮬레이션 자료를 만들라"는 업무 지시가 김 담당에게 떨어졌습니다. 팀별 매출금액의 5%, 10%, 20%만큼 지급한다면 인센티브 지급 규모가 얼마인지 계산해 보겠습니다. 만들고자 하는 자료의 형태입니다.

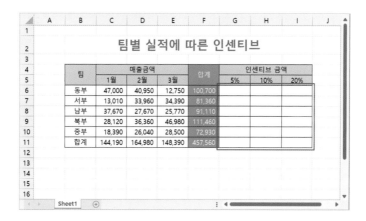

엑셀에 익숙하다면 문제가 없겠지만 신입사원 김 담당은 막연하기만 합니다. 챗GPT를 이용하여 빨간 네모 상자 안에 있는 부분을 채워 넣어 보겠습니다.

01 상황이 이해되었다면 프롬프트를 작성하기 위한 키워드를 정리합니다. 어느 셀에 어떤 정보가 있는 지를 챗GPT에게 전달하면 수식을 구할 수 있습니다.

> **키워드** 워크시트, 매출금액(F6 셀), 인센티브 지급률(G5:I5 셀), 매출금액과 인센티브 지급률을 곱해서 인센티브
>
> 키워드를 이용해서 프롬프트를 작성합니다. 하나의 수식이 완성되면 나머지는 수식 복사를 통해 해결할 수 있습니다.

> **프롬프트** 엑셀 워크시트의 F6 셀에 매출금액이 있다. G5:I5 셀에는 인센티브 지급율이 있다. F6 셀 매출금액에 G5:I5 셀 값을 곱해서 G6:I6 셀에 표시하려면?

02 프롬프트 창에 질문을 입력하고 `Enter↵`나 ✈ 아이콘을 클릭합니다. G6:I6 셀에 입력할 수식이 표시됩니다. G6 셀에 입력할 수식 (=F6*G5)을 범위로 지정하고 복사합니다(`Ctrl` + `C`).

> 엑셀 워크시트의 F6 셀에 매출금액이 있다. G5:I5 셀에는 인센티브 지급율이 있다. F6 셀 매출금액에 G5:I5 셀 값을 곱해서 G6:I6 셀에 표시하려면?

F6 셀의 매출금액에 G5:I5 셀의 인센티브 지급율을 곱해서 G6:I6 셀에 표시하는 방법은 다음과 같습니다:

1. G5:I5 셀에 각각 0.05, 0.1, 0.2 값을 입력합니다.
2. G6:I6 셀에 각각 아래의 수식을 입력합니다:
   - G6셀: =F6*G5
   - H6셀: =F6*H5
   - I6셀: =F6*I5
3. G6:I6 셀을 복사하여 필요한 곳에 붙여넣기합니다.

이렇게 하면 F6 셀의 매출금액에 G5:I5 셀의 인센티브 지급율을 곱한 값이 G6:I6 셀에 표시됩니다. 만약 인센티브 지급율이 변경된다면 G5:I5 셀의 값을 변경하면 G6:I6 셀의 값도 자동으로 변경됩니다.

03 워크시트의 G6 셀을 선택하고 `F2`를 누르면 수식 편집 상태가 됩니다. `Ctrl` + `V`를 눌러 수식을 붙여넣기 합니다. F6 셀의 합계는 수식을 아래로 복사할 때 셀 주소가 F7, F8과 같이 바뀌어야 하지만 오른쪽으로 복사하면 F열은 고정이 되어야 합니다. 수식에서 F6 부분에 커서를 두고 `F4`를 3번 눌러서 $F6이 되도록 합니다.

> **참고** $F6과 같은 셀 참조 방식을 '열 고정 혼합 참조'라고 부릅니다.

04 이번에는 수식에서 G5 부분에 커서를 두고 `F4`를 2번 눌러서 G$5가 되도록 하고 `Enter↵`를 누릅니다. G5 셀은 수식을 오른쪽으로 복사하면 셀 주소가 H5, I5와 같이 바뀌어야 하지만 아래로 복사하면 5행은 고정이 되어야 합니다. 따라서 G$5가 되도록 설정한 겁니다.

> **참고** G$5와 같은 셀 참조 방식을 '행 고정 혼합 참조'라고 부릅니다.

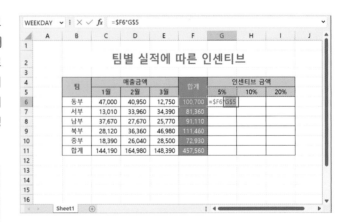

05 G6 셀 우측 하단의 '채우기 핸들'을 오른쪽과 아래쪽으로 각각 드래그하여 수식을 오른쪽, 아래쪽 방향으로 복사하면 인센티브 금액이 구해집니다.

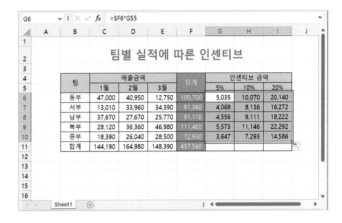

06 인센티브 합계를 구하기 위해 G11:I11 영역을 범위로 지정하고 [홈] 탭 – [편집] 그룹에서 [자동 합계]를 클릭하여 표를 완성합니다.

15 실무 나만의 기준으로 데이터 정렬하기 SECTION

◉ **예제 파일**: 예제\04장\사용자 지정 목록.xlsx

데이터를 정렬한다고 하면 보통 '오름차순'이나 '내림차순'을 떠올립니다. 아래 왼쪽 표처럼 나타내고 싶은데 '팀명'을 기준으로 정렬하면 의도와 다르게 정렬됩니다(오른쪽 표). '강남 → 강북 → 남부 → 북부,…' 순서가 아니라 '동부 → 서부 → 남부 → 북부,…' 순으로 정렬해 볼까요.

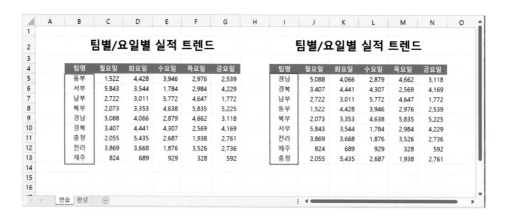

01 하고자 하는 작업의 키워드를 뽑아보고 프롬프트로 정리합니다. 핵심 키워드는 '정렬'과 '나만의 기준'이 되겠군요.

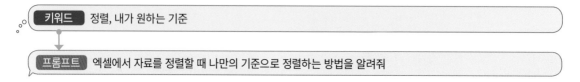

02 Enter↵나 ◁ 아이콘을 누르면 챗GPT가 해결책을 알려줍니다. '사용자 지정 목록'이라는 단어가 중요합니다.

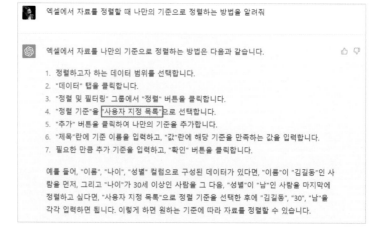

엑셀에서 자료를 정렬할 때 나만의 기준으로 정렬하는 방법을 알려줘

엑셀에서 자료를 나만의 기준으로 정렬하는 방법은 다음과 같습니다.

1. 정렬하고자 하는 데이터 범위를 선택합니다.
2. "데이터" 탭을 클릭합니다.
3. "정렬 및 필터링" 그룹에서 "정렬" 버튼을 클릭합니다.
4. "정렬 기준"을 사용자 지정 목록 으로 선택합니다.
5. "추가" 버튼을 클릭하여 나만의 기준을 추가합니다.
6. "제목"란에 기준 이름을 입력하고, "값"란에 해당 기준을 만족하는 값을 입력합니다.
7. 필요한 만큼 추가 기준을 입력하고, "확인" 버튼을 클릭합니다.

예를 들어, "이름", "나이", "성별" 컬럼으로 구성된 데이터가 있다면, "이름"이 "김길동"인 사람을 먼저, 그리고 "나이"가 30세 이상인 사람을 그 다음, "성별"이 "남"인 사람을 마지막에 정렬하고 싶다면, "사용자 지정 목록"으로 정렬 기준을 선택한 후에 "김길동", "30", "남"을 각각 입력하면 됩니다. 이렇게 하면 원하는 기준에 따라 자료를 정렬할 수 있습니다.

03 챗GPT가 답한 내용을 적용해 보겠습니다. 워크시트로 가서 테이블 내부의 셀을 하나 선택합니다(예를 들어 [완성] 시트의 I5 셀). [데이터] 탭 – [정렬 및 필터] 그룹에서 [정렬] 명령을 클릭합니다. [정렬] 대화상자에서 [정렬] 아래에 있는 드롭다운 버튼을 클릭하고 [사용자 지정 목록]을 선택합니다.

참고 ➤ 챗GPT는 영어를 기반으로 하다 보니 한글 번역이 부자연스러운 경우가 있습니다. 하지만 전후 문맥을 찬찬히 읽어보면 대체로 이해할 수 있습니다.

04 [사용자 지정 목록] 대화상자가 나타납니다. [목록 항목]에 '동부, 서부, 남부, 북부, 경남, 경북, 충청, 전라, 제주'라고 입력하고 [추가] 버튼을 클릭하면 [사용자 지정 목록]에 새로운 사용자 지정 목록이 추가됩니다.

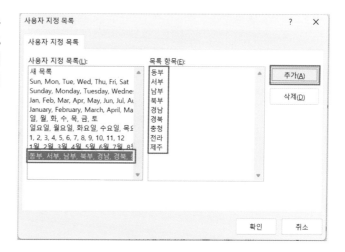

05 [정렬] 대화상자에서 [확인] 버튼을 클릭하면 '팀명'이 사용자가 지정한 기준으로 정렬됩니다.

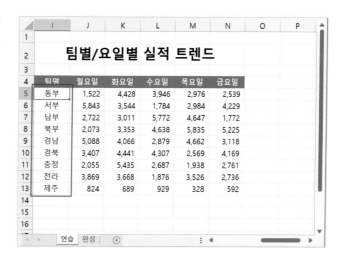

팀명	월요일	화요일	수요일	목요일	금요일
동부	1,522	4,428	3,946	2,976	2,539
서부	5,843	3,544	1,784	2,984	4,229
남부	2,722	3,011	5,772	4,647	1,772
북부	2,073	3,353	4,638	5,835	5,225
경남	5,088	4,066	2,879	4,662	3,118
경북	3,407	4,441	4,307	2,569	4,169
충청	2,055	5,435	2,687	1,938	2,761
전라	3,869	3,668	1,876	3,526	2,736
제주	824	689	929	328	592

TIP   **입력되어 있는 자료를 '사용자 지정 목록'에 추가하는 법**

01 [파일] – [옵션]을 선택합니다.

02 [Excel 옵션] 대화상자에서 [고급] – [사용자 지정 목록 편집]을 클릭합니다.

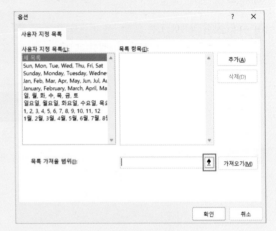

03 [옵션] 대화상자에서 [목록 가져올 범위] 오른쪽에 있는 아이콘을 클릭합니다.

04 가져올 데이터가 있는 셀(여기서는 B5:B13)을 마우스로 드래그합니다.

05 Enter← 키를 누르면 [옵션] 대화상자가 나타납니다. [가져오기] 버튼을 누르면 [목록 항목]에 사용자 지정 목록이 추가됩니다.

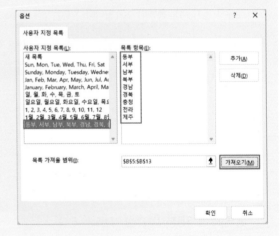

16   응용 하위 분류를 상위 분류로 합산하기   SECTION

◉ **예제 파일**: 예제\04장\동별 가구 자료.xlsx

동별 가구수 자료가 있습니다. 이것을 구 단위로 합산하고자 합니다. 함수를 이용하면 될 것 같은데 해결책이
잘 떠오르지 않습니다. 어떤 방법이 있을까요? 챗GPT에게 물어보겠습니다.

01 키워드로 도출할 만한 단어를 떠올려보고 프롬프트를 작성합니다. 굳이 한 문장으로 만들려고 애쓸 필요는 없습니다. 짧
은 단문을 여러 개 사용하는 편이 더 쉽습니다.

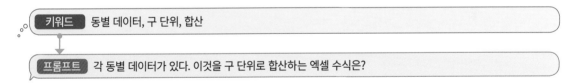

키워드 동별 데이터, 구 단위, 합산

프롬프트 각 동별 데이터가 있다. 이것을 구 단위로 합산하는 엑셀 수식은?

02 프롬프트를 입력하고 [Enter↵] 키(또
는 ◁ 아이콘)를 누릅니다. SUMIF
함수를 추천해 줍니다. 그 아래에
수식에 대한 설명을 보니 다른 것은
수식의 범위를 수정하면 되겠는데
'종로구'에 속한 '동' 데이터를 처리
하기 위해서는 별도의 사전 작업이
필요해 보입니다.

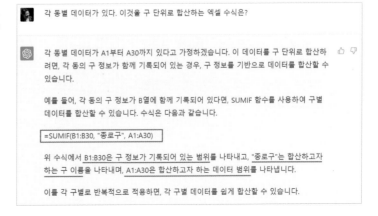

03 워크시트로 가서 집계를 위한 집계 양식을 만듭니다. B4:B7 영역에 '구'에 대한 정보를 입력했습니다. E4 셀에는 '종로구'에 있는 모든 '동'를 합산하기 위해 '="*"&D4&"*"' 이렇게 입력하고 수식을 아래로 복사합니다.

참고 ▶ 이 과제 해결을 위해서는 '와일드 카드' 문자 개념이 필요해요

특정 문자열 앞뒤에 '*' 부호를 붙이면 특정 문자열이 들어있는 모든 문자열을 대상으로 합니다. 예를 들어 '서울시 종로구 청운동', '서울시 종로구 창신2동' 등과 같이 글자수에 상관없이 '종로구'가 들어가는 모든 행정구역을 대상으로 하게 됩니다. *나 ? 부호를 와일드 카드(Wild Card) 문자라고 합니다. '*'는 길이에 상관없지만 '?'는 한 글자에 해당된다는 점에서 차이가 있습니다.

04 챗GPT 답변에서 SUMIF를 사용한 수식을 복사합니다. 워크시트 F4 셀을 선택하고 수식 입력줄로 가서 Ctrl + V를 눌러 수식을 붙여넣기 합니다. 챗GPT가 설명해 준 내용을 반영하여 수식을 수정합니다. B1:B30은 동별 정보가 들어 있는 'A4:A39'로, '종로구'는 E4, A1:A30은 합산하고자 하는 데이터가 있는 B4:B39로 각각 바꿨습니다. 그리고 수식을 아래로 복사했을 때에도 사용하기 위해 F4 키를 이용하여 절대 주소 형태로 변경합니다.

05 Enter↵ 키를 누르면 종로구에 대한 가구수 합계가 구해집니다. '채우기 핸들'을 아래로 드래그하여 수식을 채워넣기 합니다. F8 셀은 SUM 함수를 이용하여 '합계'를 구합니다. 마지막으로 E열 머리글을 마우스 오른쪽 버튼으로 클릭하고 [숨기기] 를 선택하면 완료됩니다.

17 실무 특수한 평균 계산하기 SECTION

◉ **예제 파일**: 예제\04장\특수한 평균 계산하기

심사위원들이 채점을 할 때 편차를 줄이기 위해 최고/최저 점수를 제외하고 평균을 구해야 하는 경우가 있습니다. 스포츠 경기 중에서 피겨 스케이팅이나 체조 등의 종목에서 이런 방식으로 채점합니다. 회사에서도 경연대회에서 심사를 할 때 이런 방식으로 채점을 하곤 합니다.

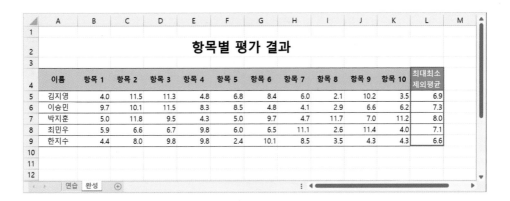

01 핵심 키워드인 최대값, 최소값을 포함한 키워드를 도출하고 프롬프트를 작성합니다.

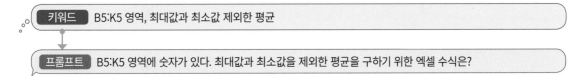

키워드 B5:K5 영역, 최대값과 최소값 제외한 평균

프롬프트 B5:K5 영역에 숫자가 있다. 최대값과 최소값을 제외한 평균을 구하기 위한 엑셀 수식은?

02 프롬프트 입력 후 `Enter↵` 키나 ◁ 아이콘을 누릅니다. 수식과 설명이 나타납니다. 이 수식은 배열 수식이므로 `Ctrl` + `Shift` + `Enter↵` 키를 함께 눌러야 한다고 친절하게 알려줍니다. [Copy code]를 클릭합니다.

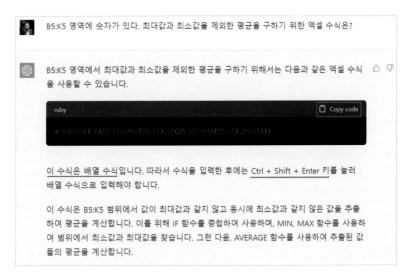

03 [연습] 시트 L5 셀을 선택합니다. '수식 입력
줄'을 클릭하고 Ctrl + V를 눌러 수식을 붙
여넣기 합니다. 챗GPT가 알려준 대로 Ctrl
+ Shift + Enter↵ 키를 함께 누릅니다.

04 '김지영'에 대한 '최대 최소값을 제외한 평
균'이 구해집니다. L5 셀 우측 하단의 '채우
기 핸들'을 더블 클릭하면 수식이 아래로 복
사됩니다.

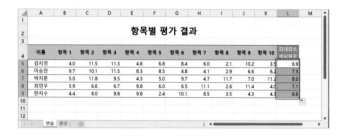

> **참고** 이번 예제에서 소개해 드린 방법을 활용하여 '0' 값을 제외한 평균이나 상위/하위 일정 비율을 제외한 평균 등 다양하게
> 활용할 수 있습니다.

18 [실무] 데이터 앞 / 뒤에 특정한 문자 일괄 추가하기 SECTION

⊙ **예제 파일**: 예제\04장\데이터 앞뒤에 문자 추가.xlsx

고객리스트가 있습니다. 다음 왼쪽 표는 원시 데이터(Raw data)입니다. 이 표를 오른쪽과 같이 '고객번호' 앞에는 'N-'을 추가하고 '이름' 뒤에는 ' 님'을 추가하려고 합니다. 별도의 열에 함수를 이용하여 해결할 수도 있지만 번거롭습니다. 현재 셀에서 해결할 수 있을까요?

01 데이터 앞에 문자 추가하기 [Unit]

01 먼저, 고객번호 앞에 특정 문자열을 추가하는 방법에 대해 알아봅니다. 고객번호는 겉으로 보기에는 숫자지만 실제로는 문자열 정보입니다(고객번호로 사칙연산을 할 일은 없겠죠?). 그리고 셀 서식을 이용하면 별도의 보조 열을 이용하지 않고 하나의 셀에서 해결할 수 있습니다. 이런 사실을 바탕으로 키워드와 프롬프트를 작성합니다.

[키워드] 고객번호(문자열), 문자열 앞에 'N-' 추가, 셀 서식

하나의 문장으로 완성하려 하지 말고 짧은 단문을 여러 개 사용하는 것이 작성하기 쉽습니다.

[프롬프트] A1 셀에는 고객번호가 들어 있다. 고객번호 앞에 "N-"를 붙이려면 어떻게 하지? 셀 서식을 이용해서 해결하는 방법을 알려줘. 단, 고객번호는 숫자가 아닌 문자이다

02 질문을 입력하고 Enter↵
나 ◁ 아이콘을 누릅니다.
Copy code]를 클릭하여
셀 서식을 복사합니다.

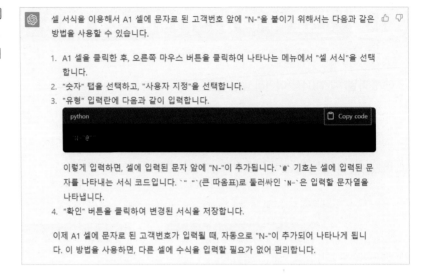

03 [셀 서식을 지정할 영역(A3:A12)을 범위로
지정합니다. [홈] 탭- [셀] 그룹에서 [서식] –
[셀 서식]을 클릭하면 [셀 서식] 대화상자가
나타납니다. (Ctrl + 1을 눌러도 됩니다).

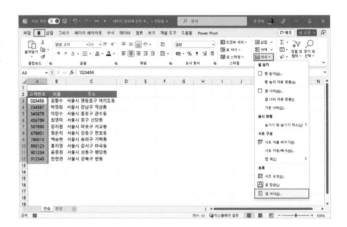

04 [표시 형식] 탭에서 [사용자 지정] 범주를 선택합니다. [형
식] 란으로 가서 Ctrl + V를 눌러 02 단계에서 복사한
셀 서식을 붙여넣기 하고 [확인] 버튼을 클릭합니다.

05 고객번호 앞에 'N-' 문자가 추가됩니다.

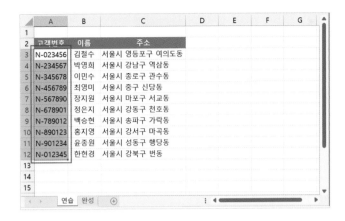

---

02 데이터 뒤에 문자 추가하기   Unit

01 이번에는 '이름' 뒤에 ' 님'을 붙여보겠습니다. 방법은 앞과 비슷하니까 바로 프롬프트를 작성합니다.

> **프롬프트** A1 셀에 이름이 입력되어 있다. 이름 뒤에 "님"을 붙이려면 어떻게 하지? 셀 서식을 이용해서 해결하는 방법을 알려줘

02 챗GPT 프롬프트 창에서 Enter↵나 ⊿ 아이콘을 클릭합니다. [Copy code]를 눌러 셀 서식을 복사합니다.

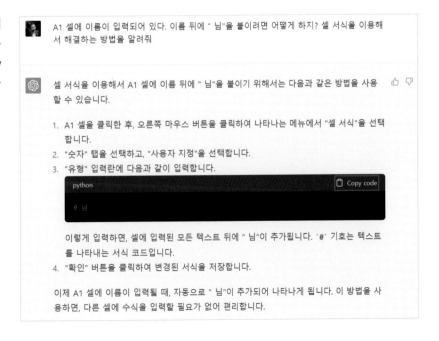

03 B3:B12 영역을 선택하고 Ctrl + 1을 누르면 [셀 서식] 대화상자가 나타납니다. [표시 형식] 탭에서 [사용자 지정] 범주를 선택합니다. [형식] 란으로 가서 Ctrl + V를 눌러 앞에서 복사한 셀 서식을 붙여넣습니다.

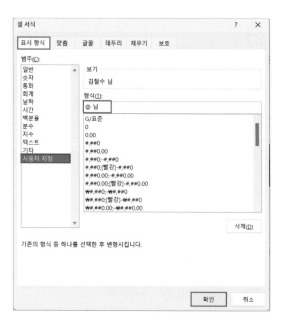

04 [확인] 버튼을 클릭합니다. '이름' 뒤에 ' 님' 문자가 추가되었습니다.

TIP [예제에서 사용한 방법을 응용하면 숫자 앞에 특정한 통화 기호를 삽입하거나 숫자 뒤에 단위를 붙이는 등 다양하게 활용할 수 있습니다.

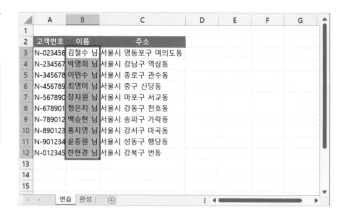

19 | 실무 | **양수는 파란색, 음수는 빨간색으로 나타내기** SECTION

⊙ **예제 파일**: 예제\04장\양수는 파란색 음수는 빨간색 표시.xlsx

입력된 숫자가 양수이면 파란색, 음수이면 빨간색, 0이면 '제로', 문자열이면 '숫자가 아님'이라고 표시할 수 있을까요? 함수로는 서식을 수정할 수 없습니다. 일반적인 셀 서식으로도 곤란합니다. 챗GPT로 해결해 볼까요?

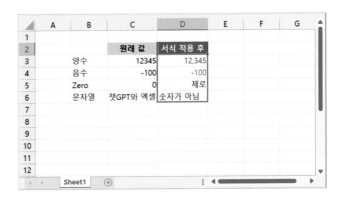

01 글자색이나 배경색을 바꾸는 것은 함수로는 할 수 없습니다. 이번 예제는 '사용자 지정 서식'을 이용하면 해결할 수 있습니다.

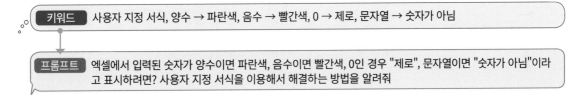

> **키워드** 사용자 지정 서식, 양수 → 파란색, 음수 → 빨간색, 0 → 제로, 문자열 → 숫자가 아님

> **프롬프트** 엑셀에서 입력된 숫자가 양수이면 파란색, 음수이면 빨간색, 0인 경우 "제로", 문자열이면 "숫자가 아님"이라고 표시하려면? 사용자 지정 서식을 이용해서 해결하는 방법을 알려줘

02 Enter↵ 키나 ◁ 아이콘을 클릭합니다. 사용자 지정 서식 코드(그림에서 파란색 음영 부분)를 범위로 지정하고 Ctrl + C를 눌러 복사합니다.

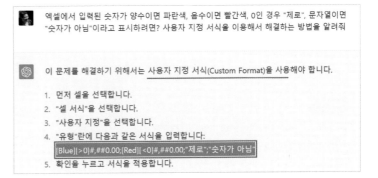

엑셀에서 입력된 숫자가 양수이면 파란색, 음수이면 빨간색, 0인 경우 "제로", 문자열이면 "숫자가 아님"이라고 표시하려면? 사용자 지정 서식을 이용해서 해결하는 방법을 알려줘

이 문제를 해결하기 위해서는 사용자 지정 서식(Custom Format)을 사용해야 합니다.

1. 먼저 셀을 선택합니다.
2. "셀 서식"을 선택합니다.
3. "사용자 지정"을 선택합니다.
4. "유형"란에 다음과 같은 서식을 입력합니다:
   [Blue][>0]#,##0.00;[Red][<0]#,##0.00;"제로";"숫자가 아님"
5. 확인을 누르고 서식을 적용합니다.

03 '사용자 지정 서식'을 지정할 D3:D6 영역을 범위로 지정하고 [홈] 탭 – [셀] 그룹에서 [서식] – [셀 서식]을 클릭합니다([Ctrl] + [1]을 눌러도 됩니다).

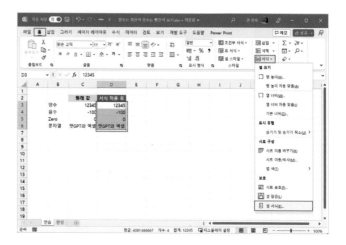

04 [셀 서식] 대화상자의 [표시 형식] 탭에서 [사용자 지정] 범주를 선택합니다. [형식] 란을 클릭하고 [Ctrl] + [V]를 눌러서 **02** 단계에서 복사한 사용자 지정 서식을 붙여넣기 합니다. 이 서식에서 영어로 되어 있는 부분을 한글로 수정합니다('Blue' → '파랑', 'Red' → '빨강').

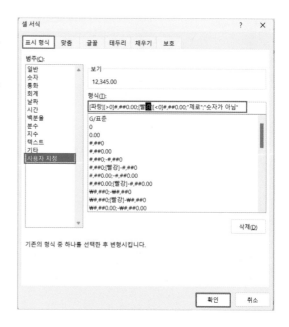

05 [확인] 버튼을 클릭하면 '사용자 지정 서식'이 지정됩니다.

참고 만약 숫자 뒤에 소수점을 없애고, 음수 앞에 '-' 부호를 붙이려면 다음 '사용자 지정 서식'을 적용하세요
[파랑][>0]#,##0;[빨강][<0]-#,##0;"제로";"숫자가 아님"

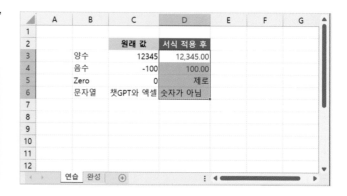

20 실무 주민등록번호 뒷자리에 *** 표시하기 SECTION

◉ **예제 파일**: 예제\04장\주민번호로 성별 나이 구하기.xlsx

주민등록번호는 여러 가지 정보들이 담겨 있으므로 주의해서 관리해야 합니다. 주민등록번호 뒷자리에 ***
표시를 하여 숨겨보겠습니다.

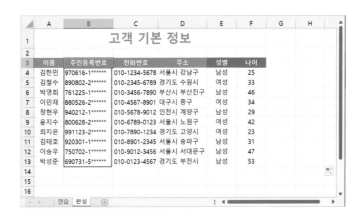

참고 ▷ 이 책에 수록된 주민등록번호나 각종 개인정보는 가상의 데이터입니다.

01 B4 셀의 주민등록번호를 이용하여 성별을 구하기 위한 키워드와 프롬프트를 작성합니다.

키워드 B4 셀, 오른쪽 6글자, ****** 표시

프롬프트 엑셀 워크시트 B4 셀에 입력된 내용 중에서 오른쪽 6글자를 ******로 표시하려면?

02 문자열 함수와 & 연산자를 사용
한 수식이 작성되었습니다. [Copy
code]를 클릭하여 수식을 복사합
니다.

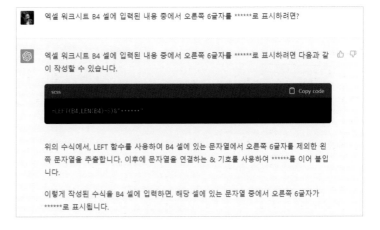

엑셀 워크시트 B4 셀에 입력된 내용 중에서 오른쪽 6글자를 ******로 표시하려면?

엑셀 워크시트 B4 셀에 입력된 내용 중에서 오른쪽 6글자를 ******로 표시하려면 다음과 같
이 작성할 수 있습니다.

```scss
=LEFT(B4,LEN(B4)-6)&"******"
```

위의 수식에서, LEFT 함수를 사용하여 B4 셀에 있는 문자열에서 오른쪽 6글자를 제외한 왼
쪽 문자열을 추출합니다. 이후에 문자열을 연결하는 & 기호를 사용하여 ******를 이어 붙입
니다.

이렇게 작성된 수식을 B4 셀에 입력하면, 해당 셀에 있는 문자열 중에서 오른쪽 6글자가
******로 표시됩니다.

03 H4 셀로 가서 수식 입력줄을 클릭한 다음 Ctrl + V를 눌러 수식을 붙여넣기 합니다. Enter↵ 키를 누르면 주민등록번호가 '970616-1******' 이런 형태로 바뀝니다.

04 H4 셀 우측 하단 '채우기 핸들'을 아래로 드래그하여 나머지 셀로 수식을 복사합니다. H4:H13 영역이 선택된 상태에서 Ctrl + C 를 누릅니다.

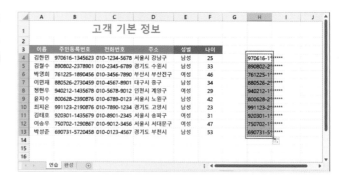

05 B4 셀을 클릭하고 마우스 오른쪽 버튼을 클릭합니다. [붙여넣기 옵션]에서 [값] 아이콘을 선택하면 수식이 값으로 붙여넣기 됩니다.

06 H4:H13 영역의 값은 더 이상 필요 없으므로 범위로 지정하고 Del 키를 눌러 지웁니다.

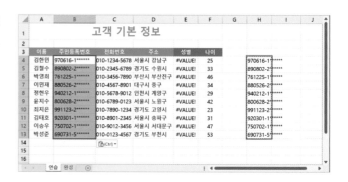

21 [실무] 주민등록번호로 성별과 나이 구하기   SECTION

◉ **예제 파일**: 예제\04장\주민번호로 성별 나이 구하기.xlsx

엑셀 함수를 배울 때 주민등록번호를 이용하여 성별이나 나이를 구하는 것을 하곤 합니다. 조건 분기 처리를 하는 IF 함수, 여러 가지 문자열 함수, 날짜 관련 함수 등을 종합적으로 활용할 수 있습니다. 하지만 입문자 입장에서는 까다로울 수 있습니다. 챗GPT를 이용하면 얼마나 간단하게 처리할 수 있는 지 볼까요?

---

01   성별 파악하기   Unit

01 B4 셀의 주민등록번호를 이용하여 성별을 구하기 위한 키워드와 프롬프트를 작성합니다.

> **키워드** 엑셀 수식, B4 셀, 주민등록번호 8번째 숫자, 홀수 → 남성, 짝수 → 여성

> **프롬프트** B4 셀에 주민등록번호가 있다. 앞에서 8번째 숫자가 홀수이면 '남성', 짝수이면 '여성'인데, 성별을 구하는 엑셀 수식을 알려줘

02 IF와 MID, MOD를 사용한 수식이 작성됩니다. [Copy code]를 클릭하여 수식을 복사합니다.

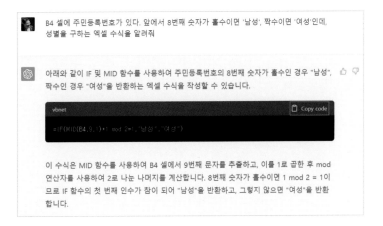

> B4 셀에 주민등록번호가 있다. 앞에서 8번째 숫자가 홀수이면 '남성', 짝수이면 '여성'인데, 성별을 구하는 엑셀 수식을 알려줘
>
> 아래와 같이 IF 및 MID 함수를 사용하여 주민등록번호의 8번째 숫자가 홀수인 경우 "남성", 짝수인 경우 "여성"을 반환하는 엑셀 수식을 작성할 수 있습니다.
>
> ```vbnet
> =IF(MID(B4,9,1)*1 mod 2=1,"남성","여성")
> ```
>
> 이 수식은 MID 함수를 사용하여 B4 셀에서 9번째 문자를 추출하고, 이를 1로 곱한 후 mod 연산자를 사용하여 2로 나눈 나머지를 계산합니다. 8번째 숫자가 홀수이면 1 mod 2 = 1이므로 IF 함수의 첫 번째 인수가 참이 되어 "남성"을 반환하고, 그렇지 않으면 "여성"을 반환합니다.

03 워크시트에서 E4 셀을 선택하고 수식 입력
줄을 클릭한 다음 Ctrl + V를 눌러 수식을
붙여넣기 합니다. 챗GPT가 작성한 이 수식
에는 오류가 있습니다. 수식을 그림과 같이
수정합니다.

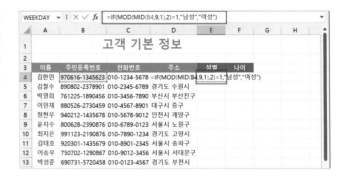

TIP 챗GPT가 작성한 수식에 오류가 있어서 수정 지시를 해도 고쳐지지 않는 경우가 있습니다. 이런 경우에는 직접 수정해야 합
니다. 그렇기 때문에 엑셀 기본 기능이나 함수 사용법을 알고 있으면 더욱 효율적으로 챗GPT를 활용할 수 있습니다.

04 Enter↵ 키를 누르면 성별이 구해집니다. E4
셀 우측 하단의 '채우기 핸들'을 더블 클릭
하면 수식이 아래로 채워지면서 나머지 셀
에도 성별이 나타납니다.

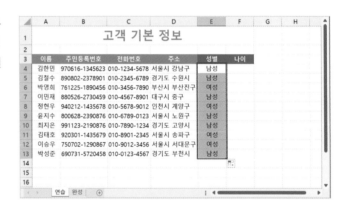

참고 주민등록번호 뒷부분 첫 자리(7번째) 숫자를 통해 성별을 알 수 있다는 것은 알려진 상식입니다. 주민등록번호 7번째 숫
자는 몇 가지 종류가 있을까요? 4가지로 아는 분들이 많습니다. 1900년대 출생자는 남자가 1, 여자가 2이고, 2000년 이후 출생자는
남자가 3, 여자가 4로 말이죠.

하지만 뒷부분 첫 자리 숫자에 5나 6도 있고 심지어 7과 8도 있습니다. 외국인의 경우가 이에 해당합니다. 대신
외국인은 주민등록번호라고 하지 않고 '외국인등록번호'라고 부릅니다. 이번 예제에서는 상황을 단순화시켜
서 살펴봅니다. 보다 자세한 내용은 다음 포스트 글을 참고하세요.

http://www.iexceller.com/MyXls/Excel_2007/con_branch.asp

02　나이 구하기　　Unit

01　이번에는 주민등록번호를 이용하여 나이를 구해 보겠습니다. 앞의 프롬프트와 비슷한 내용이므로 챗GPT 프롬프트 창에 바로 입력합니다.

> **프롬프트**　B4 셀에 있는 주민등록번호를 이용하여 나이를 구하는 엑셀 수식은?

02　Enter↵ 키를 누르면 여러 가지 함수를 사용한 수식이 작성됩니다. [Copy code]를 클릭하여 수식을 복사합니다.

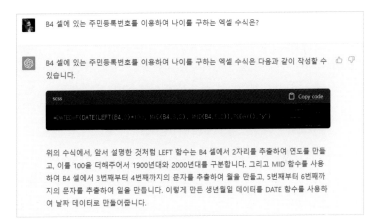

03　F4 셀을 선택합니다. 수식 입력줄을 클릭한 다음, Ctrl + V 를 눌러 수식을 붙여넣기 합니다. 챗GPT가 작성한 수식을 그림과 같이 수정합니다. 년도 뒤에 100을 더한 것을 제거했습니다.

> **참고**　1900년대와 2000년대 생을 구분하여 나이를 제대로 구하려면 주민등록번호 8번째 자릿수까지 감안하여 계산해야 합니다. 본 예제에서는 여기까지 다루지는 않습니다. 챗GPT를 이용하여 추가로 질문하여 해결할 수 있습니다.

04　Enter↵ 키를 누르면 나이가 구해집니다. F4 셀 우측 하단 '채우기 핸들'을 더블 클릭하면 수식이 아래로 채워지면서 나머지 셀에도 나이가 표시됩니다.

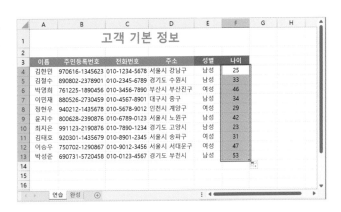

22 응용 수식으로 고유값 추출하는 법 SECTION

⊙ **예제 파일**: 예제\04장\ChatGPT for Excel 기본.xlsx

중복되는 데이터에서 고유한(Unique) 항목을 추출하는 방법에는 여러 가지가 있습니다. 보통은 고급 필터나 [데이터] 탭 – [데이터 도구] 그룹에서 [중복된 항목 제거] 명령을 사용합니다. 엑셀 최근 버전에서는 FILTER 함수를 사용할 수도 있습니다. 이전 엑셀 버전이라면 조금 더 복잡한 수식을 작성해야 합니다. 챗GPT를 이용하면 이 문제도 쉽게 해결할 수 있습니다.

⚠️ **주의**

이번 예제에서는 수식을 수정하고 오류를 바로잡는 과정을 보여드리기 위해 의도적으로 상황을 조금 까다롭게 설정했습니다(엑셀 2010 이하 버전 사용, 수식 활용, 수식 오류 수정 등). 만약 작성된 수식이 어렵다면 전체적인 진행 순서만 이해하고 넘어가셔도 됩니다.

01 [Sheet4] 시트 A열에는 품목 데이터가 있는데 중복되는 항목들이 있습니다. 키워드를 뽑아보고 질문으로 만듭니다.

> **키워드** A2:A21, 중복, 고유한 데이터, 엑셀 2010, 엑셀 수식

> **프롬프트** A2:A21 영역에 들어있는 데이터 중에서 중복되지 않게 고유한 데이터만 추출하는 엑셀 수식은? 단, 엑셀 2010 버전에서도 사용할 수 있는 수식으로 작성해줘

02 Enter↵ 키나 ◁ 아이콘을 클릭하면 결과가 나타납니다. 이 수식은 배열 수식이므로 Ctrl + Shift + Enter↵ 키를 함께 입력하라고 알려줍니다.

> **참고** 이전까지의 사용 경험에 따라 챗GPT의 결과는 그림과 다를 수 있습니다. 다음 단계에서 수식을 수정하면 되므로 진행 흐름을 이해하고 계속 진도를 나가세요.

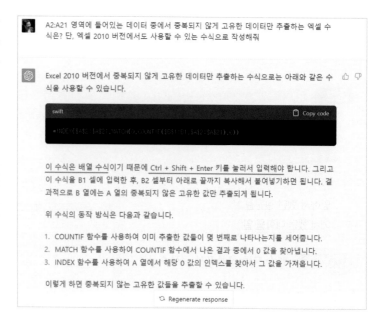

03　[Copy code] 아이콘을 눌러서 수식을 복사합니다. [Sheet4]의 C2 셀로 가서 F2 키를 누르면 수식 편집 상태가 됩니다. Ctrl + V 키를 눌러 수식을 붙여넣기 합니다. 수식을 다음과 같이 수정합니다.

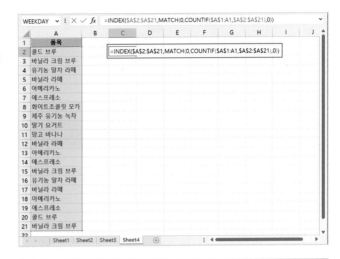

C2 셀: =INDEX($A$2:$A$21,MATCH(0,COUNTIF($A$1:A1,$A$2:$A$21),0))

04　그냥 Enter↵가 아니라 Ctrl + Shift + Enter↵ 키를 함께 누르면 C2 셀에 '콜드 브루'가 표시됩니다. C2 셀의 채우기 핸들을 아래로 드래그하여 수식을 복사하면 나머지 고유한 값들이 나타납니다.

TIP 엑셀에서 배열 수식은 Ctrl + Shift + Enter↵ 키를 함께 눌러야 합니다. 하지만 Microsoft 365 버전에서는 Enter↵ 키만 눌러도 엑셀이 인식하고 자동으로 처리해줍니다.

05　그런데 자세히 보면 문제가 있습니다. '망고 바나나'까지는 이상 없지만 그 아래로 가면 오류(#N/A)가 표시됩니다. A2:A21 영역에서 고유한 항목은 10개가 있습니다. 따라서 10개까지는 C열에 정상적으로 나타나지만 그 아래로 수식을 복사하면 이런 현상이 생깁니다. 이 문제도 챗GPT로 해결해 보겠습니다.

앞에서 했던 질문을 보완해서 다시 작성합니다. 챗GPT는 이전 질문 내용을 기억하고 있으므로(같은 대화창인 경우) 앞에서 했던 대화를 일일이 설명하지 않아도 처리해 줍니다.

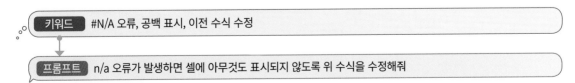

키워드　#N/A 오류, 공백 표시, 이전 수식 수정

프롬프트　n/a 오류가 발생하면 셀에 아무것도 표시되지 않도록 위 수식을 수정해줘

06 Enter↵ 키를 누르면 수정된 수식을 보여줍니다. [Copy code]를 클릭하여 수식을 복사한 다음, [Sheet4]의 C2 셀에 붙여넣기 합니다. $B$1: B1을 다음과 같이 수정합니다.

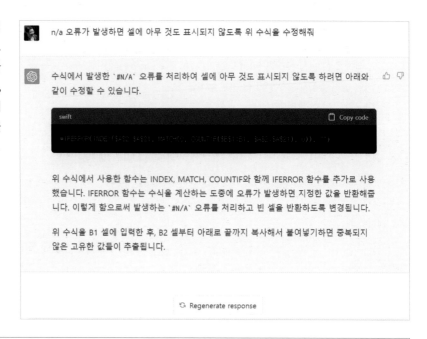

```
C2: =IFERROR(INDEX($A$2:$A$21, MATCH(0, COUNTIF($A$1:A1, $A$2:$A$21), 0)), "")
```

07 Ctrl + Shift + Enter↵ 키를 누릅니다. C2 셀의 수식을 아래로 복사합니다. 수식을 기존 영역 아래로 복사해도 '#N/A' 오류가 더 이상 나타나지 않습니다.

MEMO

챗GPT로 재테크 계산기 만들기 - 챗GPT가 돈을 벌어준다

CHAPTER. 05

엑셀에는 재무나 재테크 계산을 도와주는 기능을 가진 함수들이 많이 있습니다. '재무 함수'라고 부르는 함수들이 그것입니다. 투자액의 미래 가치, 이자율, 대출상환금 등 돈과 관련된 계산을 편리하게 할 수 있습니다.

그렇지만 재무 함수는 어렵다는 인식이 있는 것도 사실입니다. 재무 함수는 주로 회사에서 돈을 다루는 부서인 재무나 회계부서 등에서 사용하며, 이에 익숙하지 않은 사람들이 다가가기 어려운 측면이 있죠. 시중에 나와있는 책에서도 잘 다루지 않는 경우가 많습니다.

하지만 챗GPT를 이용하면 현재 상황에서 어떤 함수를 사용해야 하는지, 사용법은 어떻게 되는 지 알려줍니다. 엑셀의 강력한 재무 함수들을 이용하여 자신만의 재테크 계산기를 만들어 보세요. 챗GPT와 함께 하면 가능합니다.

01 실무 미래 금액의 현재 가치 계산기 — 2년 후 1억 원의 현재 가치는? SECTION

⊙ **예제 파일**: 예제\05장\재테크 계산기.xlsx

현재 1억 원의 가치와 2년 후 1억 원의 가치는 다르다는 건 누구나 아는 사실입니다. 지금 수중에 있는 1억 원을 은행에 연이율 3%짜리 정기예금에 예치하면 2년 후에는 적어도 3%만큼의 이자를 더 받을 수 있기 때문이죠. 그렇다면 2년 후 1억 원의 현재 가치는 어떻게 될까요? 지금까지는 재무 함수를 사용하려고 해도 이런 경우에 어떤 함수를 적용해야 할 지 몰라서 못하는 경우가 많았습니다. 챗GPT의 도움을 받을 수 있으니 이제는 상황이 다릅니다.

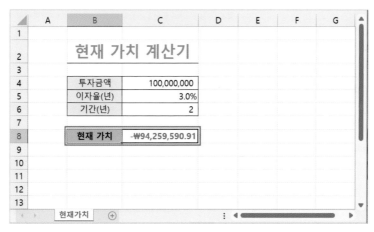

▲ PV 함수 결과 값은 마이너스 값 형태로 표시됩니다.

01 재무 함수라고 하여 사용법이 따로 있는 것은 아닙니다. 챗GPT를 이용하여 일반 수식을 작성할 때와 방법은 다르지 않습니다. 하고자 하는 작업에 대한 키워드를 추출하고 프롬프트를 작성합니다.

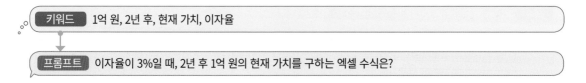

키워드 1억 원, 2년 후, 현재 가치, 이자율

프롬프트 이자율이 3%일 때, 2년 후 1억 원의 현재 가치를 구하는 엑셀 수식은?

02 Enter↲ 나 ⟨ 아이콘을 클릭하면
챗GPT가 상황에 맞는 함수와 사
용 방법, 설명까지 알려줍니다. 사
용법과 내용을 읽어본 다음, 실제
수식이 있는 창의 [Copy code]를
클릭하여 복사합니다.

03 [현재가치] 시트 E8셀을 선택하고 F2 키를
누르면 수식 편집 상태가 됩니다. Ctrl + V
를 눌러 수식을 붙여넣기 합니다. 수식에서
'1억'을 '100000000'으로 바꾸고 Enter↲ 키
를 누르면 결과가 표시됩니다.

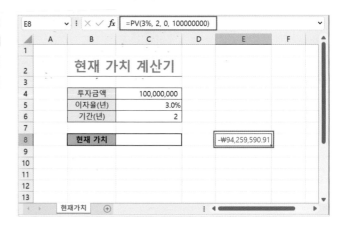

PV 함수를 사용하면 된다는 것을 알게 되었으니 PV 함수에 대해 살펴보고 가는 것이 좋겠습니다.

참고 ▶ **PV**: 투자 금액의 현재 가치(Present Value)를 계산합니다.

(사용법) PV(이자율, 총납입횟수, 각 기간의 납입액, [미래 가치], [지불시점])

지불시점: 기초 지급은 1, 기말 지급은 0 입력 또는 생략

[ ]안은 생략 가능

04 투자금액이나 이자율, 기간만 수정하면 '현재 가치'가 자동으로 계산되도록 하기 위해 C8 셀에 수식을 입력합니다. E8 셀 수식을 참고하면 되겠습니다. Rate(이자율)는 C5, nper(총납입횟수)은 C6, pmt(각 기간의 납입액)는 0, fv(미래 가치)는 C4 셀을 지정하고 Enter↵ 키를 누릅니다.

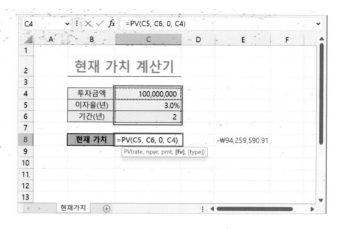

참고 ▶ E8 셀에 있는 금액은 검증을 위해 표시한 것으로 삭제해도 됩니다.

05 '현재 가치'가 표시됩니다. 이제 C4:C6 셀 값만 바꿔주면 지정한 조건에 맞는 현재 가치가 계산됩니다.

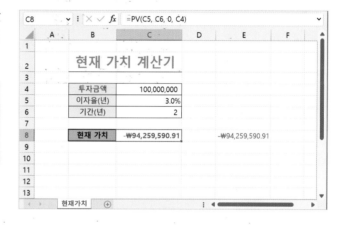

TIP 만약 현재 가치를 양수로 표시하려면 C4 셀 값을 '-100000000' 이런 식으로 앞에 '-' 부호를 붙여서 입력하세요.

02 실무 대출금 상환 계산기 – 매월 갚아야 할 월 상환 금액은? SECTION

⊙ **예제 파일**: 예제\05장\재테크 계산기.xlsx

주택 구입을 위해 은행으로부터 5000만 원을 대출받았습니다. 연이율이 6%이고, 5년에 걸쳐 원리금을 상환하려면 매월 얼마를 갚아야 할까요? 재무 함수에 익숙하지 않다면 무슨 함수를 써서 어디부터 어떻게 손대야 할 지 막막합니다. 하지만 이제 우리에게는 챗GPT가 있습니다.

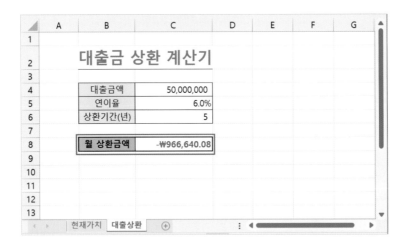

01 키워드를 도출해 봅니다. '대출'과 '원리금 상환'을 중심으로 키워드를 뽑으면 되겠습니다. 뽑아 둔 키워드를 이용하면 명령어를 작성할 때 헷갈리지 않고 간결하게 쓸 수 있습니다.

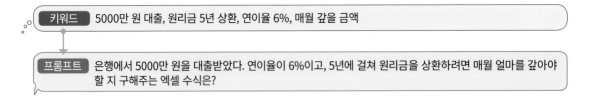

키워드 | 5000만 원 대출, 원리금 5년 상환, 연이율 6%, 매월 갚을 금액

프롬프트 | 은행에서 5000만 원을 대출받았다. 연이율이 6%이고, 5년에 걸쳐 원리금을 상환하려면 매월 얼마를 갚아야 할 지 구해주는 엑셀 수식은?

02 Enter↵ 키를 누릅니다 (또는 ⩗ 아이콘 클릭). PMT 함수를 사용하면 된다는군요. 함수가 어떤 인수를 가지고 있는 지, 사용법은 어떻게 되는 지 살펴본 다음, 실제 수식이 들어있는 창의 [Copy code]를 클릭하여 복사합니다.

⚠️ **주의**

ChatGPT의 답변을 보면 엑셀 수식까지는 잘 작성하는데 설명하는 부분에서 오류가 있는 경우가 있습니다. 앞의 그림에서도 '결과는 -103.273,23 원입니다.'라고 되어있습니다. 뒤에서 보게 되겠지만, ChatGPT가 작성한 수식 '=PMT(6%/12, 5*12, 5000만)'의 결과값은 이것과는 다릅니다.

03 [현재가치] 시트 E8셀을 선택하고 F2 키를 누르면 수식 편집 상태가 됩니다. Ctrl + V 를 눌러 수식을 붙여넣습니다. 수식에서 '5000만'을 '50000000'으로 바꾸고 Enter↵ 키를 누르면 결과가 표시됩니다.

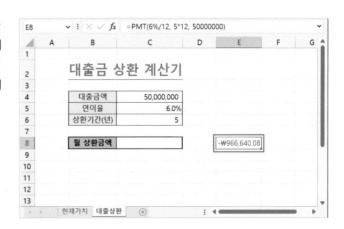

PMT 함수도 알아두면 좋은 함수입니다. 간단하게라도 살펴보고 넘어 가세요.

 PMT: 정기적금 또는 대출금 중에서 매월 상환해야 할 월 불입액(Payment)을 구합니다.

　　　　(사용법) PMT(이자율, 총 납입횟수, 각 기간의 납입액, [미래 가치], [지불시점])

　　　　　　　　지불시점: 기초 지급은 1, 기말 지급은 0 입력 또는 생략

　　　　　　　　[ ] 안은 생략 가능

04 대출금액이나 연이율, 상환기간을 수정하면 '월 상환금액' 자동으로 계산되도록 하기 위해 C8 셀에 수식을 입력합니다.
E8 셀 수식을 참고하여, Rate는 C5, nper은 C6, pv는 C4 셀을 지정하고 Enter↵ 키를 누릅니다.

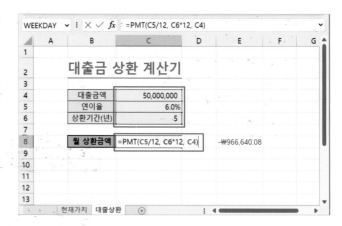

05 '월 상환금액'이 표시됩니다. 이제 C4:C6 셀의 값만 바꿔주면 바뀐 조건에 맞는 월 상환금액으로 업데이트 됩니다.

참고 E5 셀에 있는 금액은 검증을 위해 표시한 것이므로 삭제해도 됩니다.

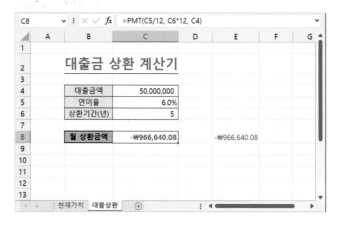

03 **실무** **투자금의 미래 가치 계산기 – 만기 시 받게 될 금액은?** SECTION

⊙ **예제 파일**: 예제\05장\재테크 계산기.xlsx

연이율이 4%인 정기적금에 매월 30만 원씩 불입한다면 3년 후에 원금과 이자를 합하여 얼마를 받을 수 있을까요? 챗GPT가 없었다면 어떻게 시작해야 할 지 막막했겠지만 이제는 상황이 달라졌습니다.

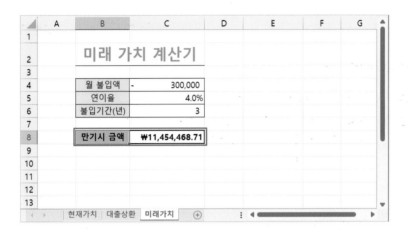

01 키워드를 추출합니다. 'N년 후'라는 단어가 들어 가도록 하는 것이 좋겠습니다. 키워드를 이용해서 프롬프트를 작성합니다. 사람에게 뭔가를 지시하기 위해 상황을 설명해 줄 때처럼 명확하게 메시지를 전달합니다.

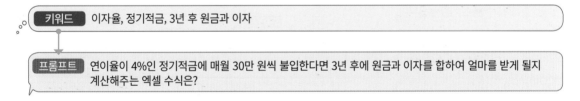

키워드 이자율, 정기적금, 3년 후 원금과 이자

프롬프트 연이율이 4%인 정기적금에 매월 30만 원씩 불입한다면 3년 후에 원금과 이자를 합하여 얼마를 받게 될지 계산해주는 엑셀 수식은?

02 Enter↵ 키나 ◁ 아이콘을 클릭합니다. 코드 창은 나타날 수도 있고 나타나지 않을 수도 있습니다. 만약 [Copy code] 아이콘이 없다면 마우스를 이용하여 수식을 드래그한 다음 Ctrl + C를 눌러 복사합니다.

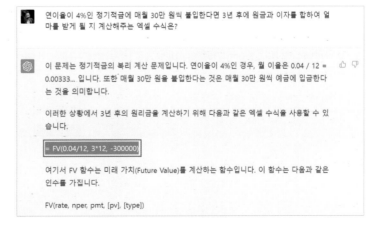

03　[현재가치] 시트로 가서 E8셀을 선택합니다.
F2 키를 누르면 수식 편집 상태가 됩니다.
Ctrl + V를 눌러 수식을 붙여넣기 한 다음,
Enter↵ 키를 누르면 결과가 표시됩니다.

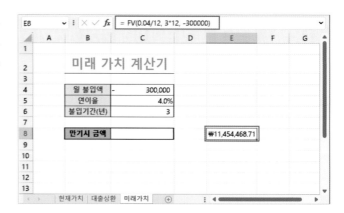

FV 함수도 알아둘 만한 함수입니다.

참고　**FV**: 투자 금액의 미래 가치(Future Value)를 계산합니다.

　　　(사용법) FV(이자율, 총 납입횟수, 각 기간의 납입액, [미래 가치], [지불시점])
　　　　　　지불시점: 기초 지급은 1, 기말 지급은 0 입력 또는 생략
　　　　　　[ ] 안은 생략 가능

04　'미래 가치 계산기'를 만들기 위해 C8 셀에
수식을 입력합니다. E8 셀 수식을 참고하면
됩니다. 결과가 양수로 나타나도록 하기 위
해 '월 불입액'(C4 셀)을 음수로 입력했습니
다. Rate는 C5, nper은 C6, pmt는 C4 셀을
지정하고 Enter↵ 키를 누릅니다.

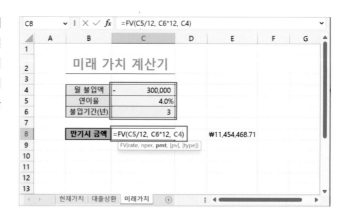

05　'만기시 금액'이 표시됩니다. 챗GPT의 수식
과 결과가 같음을 알 수 있습니다. C4:C6 셀
값만 바꿔주면 지정한 조건에 맞는 미래 가
치가 계산됩니다.

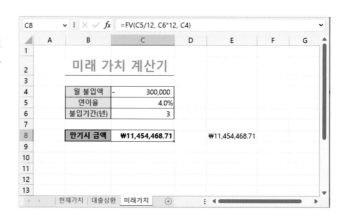

주의

여기에도 ChatGPT의 계산 결과에 오류가 있습니다.

워크시트에서 작성한 수식의 결과가 정확합니다. ChatGPT는 '= FV(0.04/12, 3*12, -300000)' 수식의 결과는 '약 1,128만 원'이라고 알려주지만 앞에서 보았듯이 실제 결과는 '11,454,468.71'입니다.

= FV(0.04/12, 3*12, -300000)

여기서 FV 함수는 미래 가치(Future Value)를 계산하는 함수입니다. 이 함수는 다음과 같은 인수를 가집니다.

FV(rate, nper, pmt, [pv], [type])

* rate : 예금의 연이율을 월 이율로 나타낸 값
* nper : 예금의 만기 기간을 월 단위로 나타낸 값
* pmt : 매월 입금하는 금액 (음수로 입력)
* pv : 현재 예금의 가치 (생략 가능)
* type : 예금이 만기할 때 입금하는 경우 1, 만기 시점에 입금하는 경우 0 (생략 가능)

위의 수식에서는 rate에 0.04/12를, nper에 3*12를, pmt에 -300000을 입력하고 있습니다. 이 수식을 실행하면 3년 후의 원리금을 알아낼 수 있습니다.

따라서 3년 후의 원리금은 약 1,128만 원입니다. (소수점 이하는 버림)

04 응용 구입 조건 비교 계산기 – 어느 노트북 컴퓨터를 사는 게 유리할까? SECTION

◉ **예제 파일**: 예제\05장\재테크 계산기.xlsx

노트북 컴퓨터를 할부로 구매하려고 합니다. 수없이 손품을 팔아 최종적으로 2가지 대안으로 압축했습니다. (1안) S사는 180만 원짜리 노트북을 매월 22만 원씩 9개월 간 분할 상환해야 합니다. 반면 (2안) A사는 220만 원짜리를 매월 14만 원씩 18개월 동안 분할 상환해야 합니다. 이 조건 이외에 다른 선호도 차이는 없다면 어느 제품을 선택하는 것이 유리할까요? 아무리 생각해봐도 결정하기가 쉽지 않죠? 이럴 때 필요한 것은? 그렇습니다! 챗GPT에게 물어보는 거죠!

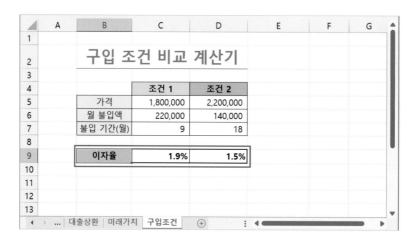

01 2가지 구입 조건을 비교해야 하므로 조금 생각이 필요합니다.

> **키워드** (1안) 가격(180만 원), 월 상환 금액(22만 원), 상환 기간(9개월)
> (2안) 가격(220만 원), 월 상환 금액(14만 원), 상환 기간(18개월)

대안 별로 키워드를 정리합니다. 대안별로 조건을 정리하고 보니 상황도 명확히 파악됩니다. 키워드를 이용해서 질문을 구성합니다.

> **프롬프트** 180만 원짜리 노트북 컴퓨터를 22만 원씩 9개월 간 분할 상환하는 경우와, 220만 원짜리 노트북을 매월 14만 원씩 18개월에 걸쳐 분할 상환하는 경우, 각각의 이자율을 계산하는 엑셀 수식을 작성하고 표로 만들어줘

02 명확하게 이해하기 위해 두 가지 비교 대안을 '표'로 만들어 달라고 지시했습니다. [Enter↵] 키(또는 ◁ 아이콘)를 누릅니다. 두 가지 경우에 대한 결과가 표시됩니다. RATE 함수를 이용하면 된다고 알려줍니다. '첫 번째 방식'에 있는 수식을 범위로 지정하고 [Ctrl] + [C]를 눌러 복사합니다.

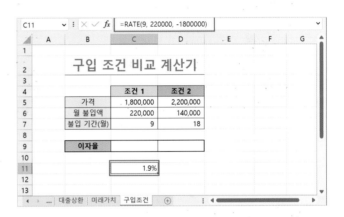

03 [구입조건] 시트로 가서 C11셀을 선택합니다. [F2] 키를 누르고 수식 편집 상태에서 [Ctrl] + [V]를 눌러 수식을 붙여넣기 합니다. 챗GPT가 작성한 수식에 오류가 있습니다. 첫 번째 조건의 노트북 컴퓨터 가격은 180만 원이므로 금액을 '-180000'에서 '-1800000'으로 수정합니다. [Enter↵] 키를 누르면 결과가 표시됩니다.

⚠ **주의   ChatGPT의 답변을 검증하세요**

인공지능이라고 해서 늘 완벽한 것은 아닙니다. ChatGPT가 알려주는 답변을 활용하되 검증하는 과정은 반드시 필요합니다. ChatGPT가 작성한 수식은 엑셀 워크시트에서 결과를 확인해 보시기 바랍니다. ChatGPT는 '수식은 맞는데 결과는 다르게' 알려주는 경우가 있습니다.

04 챗GPT에서 '두 번째 방식'에 있는 수식을 범위로 지정하고 복사합니다.

두 번째 방식: 220만 원을 18개월에 걸쳐 14만 원씩 상환하는 경우

- 원금 = 220만 원
- 상환 기간 = 18개월
- 월 상환금 = 14만 원

다음과 같은 엑셀 함수를 사용하여 이자율을 계산할 수 있습니다.

`=RATE(18, 140000, -220000)`

위 함수에서 첫 번째 인수는 상환 기간, 두 번째 인수는 월 상환금, 세 번째 인수는 원금(음수로 입력하여 대출을 나타냄)입니다. 이 함수를 사용하여 계산한 결과, 두 번째 방식의 이자율은 약 6.68%입니다.

따라서, 첫 번째 방식의 이자율은 약 6.62%, 두 번째 방식의 이자율은 약 6.68%입니다.

05 [구입조건] 시트 D11셀을 선택하고 F2 키를 누르면 수식 편집 상태가 됩니다. Ctrl + V 를 눌러 수식을 붙여넣기 합니다.
이 수식에도 오류가 있습니다. 두 번째 조건의 노트북 컴퓨터 가격은 220만 원이므로 금액을 '220000'에서 '2200000'으로 수정합니다. Enter↵ 키를 누르면 결과가 표시됩니다.

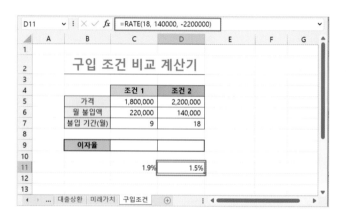

참고 RATE: 기간별 이자율을 계산합니다.

(사용법) RATE(연간 총납입기간, 각 기간의 지급액, 현재 가치, [미래 가치], [지불시점])
지불시점: 기초 지급은 1, 기말 지급은 0 입력 또는 생략.
[ ] 안은 생략 가능

06 '구입 조건 비교 계산기'를 만들기 위해 C9:D9 셀에 수식을 입력합니다. C11:D11 셀의 수식을 조금만 바꾸면 됩니다. 결과가 양수로 나타나도록 하기 위해 '월 불입액'(C6셀)을 음수로 입력했습니다.

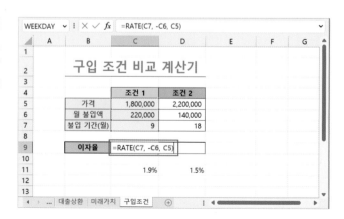

07 Enter↵ 키를 누르면 '조건 1'의 이자율이 표시됩니다. 같은 방법으로 '조건 2'의 이자율도 구합니다.

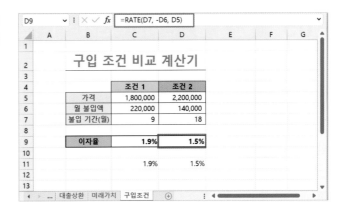

08 두 가지 결과를 비교해 보면 이자율이 낮은 '조건 2'를 선택하는 것이 유리함을 알 수 있습니다.

참고 **ChatGPT는 표도 만들어줍니다**

ChatGPT는 결과를 표로도 만들어줍니다. 이번 예제에서 '… 엑셀 수식을 작성하고 표로 만들어줘'라고 프롬프트를 작성했습니다. ChatGPT의 답변 아랫 부분을 보면 '분할 상환 방식'에 따른 표가 만들어져 있습니다. 이자율은 엑셀 워크시트에서 살펴본 것처럼 틀린 답변입니다.

아래는 각각의 방식에 대한 이자율을 표로 정리한 것입니다.

분할 상환 방식	원금	상환 기간	월 상환금	이자율
1	180만 원	9개월	22만 원	약 6.62%
2	220만 원	18개월	14만 원	약 6.68%

05 [기본] 종잣돈 마련 계산기 — 1억 원 모으는 데 얼마나 걸릴까? SECTION

◉ **예제 파일**: 예제\05장\재테크 계산기.xlsx

재테크에서 중요한 것은 빨리 종잣돈을 모으는 일입니다. 연 3% 수익률로 매월 100만 원씩 모은다면 1억 원을 마련하는 데 얼마나 걸릴까요?

	A	B	C	D	E	F	G
1							
2		종잣돈 마련 계산기					
3							
4		목표금액	100,000,000				
5		수익률	3.0%				
6		월 납입금액	1,000,000				
7							
8		소요기간(년)	7.5				
9							
10							
11							
12							
13							

◄ ► ... 대출상환 | 미래가치 | 구입조건 | 종잣돈 ⊕ :

01 키워드를 정리합니다. 재무 함수는 키워드만 있으면 문장으로 만드는 것은 오히려 쉬울 수 있습니다. 실제 숫자 값을 넣어서 배치만 제대로 해주면 됩니다.

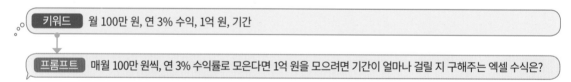

키워드 월 100만 원, 연 3% 수익, 1억 원, 기간

프롬프트 매월 100만 원씩, 연 3% 수익률로 모은다면 1억 원을 모으려면 기간이 얼마나 걸릴 지 구해주는 엑셀 수식은?

02 프롬프트를 입력하고 Enter↵나 아이콘을 누릅니다. NPER 함수를 이용하면 된다고 합니다. 답변 창 아래로 가면 실제 수식이 있습니다만 수정이 필요하므로 위에 있는 [Copy code]를 눌러 수식을 복사합니다.

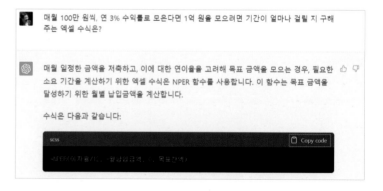

03 [종잣돈마련] 시트의 C8셀을 선택하고 F2 키를 누릅니다. 수식 편집 상태에서 Ctrl + V를 눌러 수식을 붙여넣기 합니다. Enter↵ 키를 누르면 결과가 표시됩니다. '이자율/12'는 연수익률이 있는 C5, '-월납입금액'은 '-C6*12', '목표잔액'은 'C4'로 각각 변경합니다.

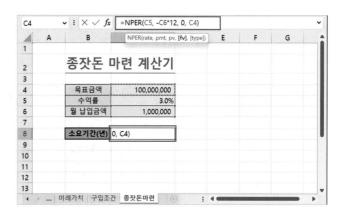

참고 **NPER** : 매달 대출금을 상환할 때 상환 기간이 얼마나 걸리는 지 또는 목표 금액을 모으기 위해 매달 일정액을 저축하면 기간이 얼마나 소요되는 지 계산합니다(Number of Periods).

(사용법) NPER(이자율, 기간별 납입액, 현재 가치, [미래 가치], [납입시점])
[ ] 안은 생략 가능

04 Enter↵ 키를 누르면 소요기간이 표시됩니다. 1억 원을 모으는 데 7.5년이 걸린다고 합니다.

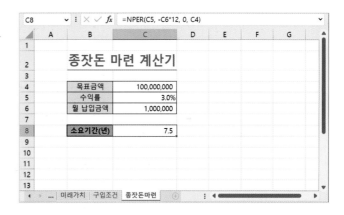

챗GPT로 매크로와 VBA 자동화하기 - 이제 누구든 프로그래머가 된다

CHAPTER. 06

챗GPT의 능력을 엑셀에서 다양하게 적용해 보았습니다. 챗GPT는 엑셀의 기본 기능은 물론이고 복잡한 수식도 척척 만들어줍니다. 자신이 하려는 바를 명확히 요약할 수만 있다면 얼마든지 해법을 찾을 수 있다는 것을 느끼셨으리라 생각합니다.

챗GPT는 코딩도 해줍니다. 매크로나 VBA를 전혀 모르더라도 VBA 코드를 만들어서 업무에 활용할 수 있습니다. 이 책에서 다루지는 않지만 파이썬이나 C언어, 자바스크립트, 구글 앱스 스크립트도 만들 수 있습니다.

이번 장에서는 VBA로 업무를 자동화하는 방법에 대해 알아봅니다. VBA 코딩 초보를 VBA 프로그래머로 만들어 주는 마법 같은 경험을 해보세요!

 주의

① 챗GPT는 생성형(Generative) 인공지능(AI)입니다. 생성형 AI는 정해진 답을 내놓는 것이 아니라 AI가 학습을 통해 결과를 만들어내는 특징이 있습니다. 따라서 **비슷하거나 심지어는 같은 프롬프트를 사용하더라도 결과는 달라질 수 있습니다.** 만약 원**하는 결과가 나오지 않는다면 프롬프트를 조금씩 바꿔가며 완성**해 가시기 바랍니다.

② 본 Chapter에서 중요한 것은 VBA 코드가 아니라 문제 사항으로부터 키워드와 프롬프트를 작성하여 해결책을 찾아가는 과정에 있습니다. 따라서 **본문에서 VBA 전체 코드를 표시하지 않는 경우도 있습니다.** 대신 VBA 코드는 예제 파일에 100% 수록**해 두었으니 이것을 참고**하세요.

01 [기본] 챗GPT로 VBA 코딩 워밍업 하기 – 구구단 테이블 만들기 SECTION

◉ **예제 파일**: 예제\06장\구구단 테이블.xlsm

VBA 코딩을 배울 때 '구구단 테이블'을 만들어 보곤 합니다. 언뜻 보면 쉬워보여도 셀 주소 개념과 반복문 등에 대한 개념이 서 있지 않으면 까다로울 수 있습니다. 챗GPT에게 질문(또는 명령)만 제대로 할 수만 있으면 얼마나 간단하게 해결할 수 있는지 확인해 보시기 바랍니다.

	A	B	C	D	E	F	G	H	I
1	2 x 1 = 2	3 x 1 = 3	4 x 1 = 4	5 x 1 = 5	6 x 1 = 6	7 x 1 = 7	8 x 1 = 8	9 x 1 = 9	
2	2 x 2 = 4	3 x 2 = 6	4 x 2 = 8	5 x 2 = 10	6 x 2 = 12	7 x 2 = 14	8 x 2 = 16	9 x 2 = 18	
3	2 x 3 = 6	3 x 3 = 9	4 x 3 = 12	5 x 3 = 15	6 x 3 = 18	7 x 3 = 21	8 x 3 = 24	9 x 3 = 27	
4	2 x 4 = 8	3 x 4 = 12	4 x 4 = 16	5 x 4 = 20	6 x 4 = 24	7 x 4 = 28	8 x 4 = 32	9 x 4 = 36	
5	2 x 5 = 10	3 x 5 = 15	4 x 5 = 20	5 x 5 = 25	6 x 5 = 30	7 x 5 = 35	8 x 5 = 40	9 x 5 = 45	
6	2 x 6 = 12	3 x 6 = 18	4 x 6 = 24	5 x 6 = 30	6 x 6 = 36	7 x 6 = 42	8 x 6 = 48	9 x 6 = 54	
7	2 x 7 = 14	3 x 7 = 21	4 x 7 = 28	5 x 7 = 35	6 x 7 = 42	7 x 7 = 49	8 x 7 = 56	9 x 7 = 63	
8	2 x 8 = 16	3 x 8 = 24	4 x 8 = 32	5 x 8 = 40	6 x 8 = 48	7 x 8 = 56	8 x 8 = 64	9 x 8 = 72	
9	2 x 9 = 18	3 x 9 = 27	4 x 9 = 36	5 x 9 = 45	6 x 9 = 54	7 x 9 = 63	8 x 9 = 72	9 x 9 = 81	
10									

> ⚠️ **주의**
>
> 매크로나 VBA 코드가 포함된 엑셀 파일을 저장할 때에는 'Excel 매크로 사용 통합 문서 (*.xlsm)' 형태로 저장해야 합니다. 매크로가 포함된 문서를 'Excel 통합 문서 (*.xlsx)'로 저장하면 매크로가 모두 제거된 채 저장됩니다.

01 키워드와 프롬프트를 작성합니다. 일반적인 구구단 테이블을 만드는 것은 챗GPT 입장에서는 너무도 쉽기 때문에("구구단 테이블을 작성하는 vba 코드는?" 이렇게만 질문해도 코딩해 줍니다) 일부러 조건을 조금 복잡하게 지정합니다. 앞의 그림처럼 수식과 결과를 함께 표시하고, 열 방향으로 나타내도록 합니다.

작업할 내용을 머릿 속으로 정리한 다음, 키워드를 도출하고, 프롬프트로 작성하는 과정은 VBA로 코딩할 때에도 동일하게 적용됩니다.

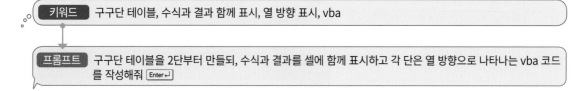

[키워드] 구구단 테이블, 수식과 결과 함께 표시, 열 방향 표시, vba

[프롬프트] 구구단 테이블을 2단부터 만들되, 수식과 결과를 셀에 함께 표시하고 각 단은 열 방향으로 나타나는 vba 코드를 작성해줘 [Enter⏎]

02 챗GPT 프롬프트 창에 명
령을 입력하고 [Enter↵] 키를
누릅니다. 일부러 까다로운
조건을 준 것이 무색하리만
치 챗GPT는 쉽게 결과를
내놓습니다(2016년에 인공
지능 '알파고'와 대국하던
이세돌 기사의 심경이 이
와 비슷했을까요?) [Copy
code] 아이콘을 눌러 코드
를 복사합니다.

참고 ▶ 소스 코드 내용은 예제 파일을 통해 확인하세요. 예제 파일을 열고 [Alt]+[F11]을 누르세요.

03 워크시트로 가서 [Alt]+[F11]키를 누르면 새로
운 화면이 나타납니다. 이것을 Visual Basic
Editor라고 부릅니다. 매크로나 VBA를 사
용할 수 있게 해주는 인터페이스라고 생각
하시면 됩니다.

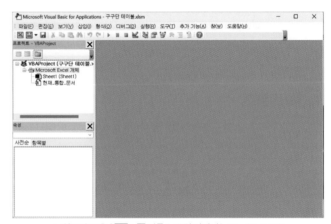

▲ 워크시트에서 [Alt]+[F11] 키를 누르면 나타나는 Visual Basic Editor

04 Visual Basic Editor에서 [삽입] – [모듈] 메
뉴를 선택합니다. [Module1]이 삽입되고 오
른쪽에는 흰 배경색의 화면이 표시됩니다.
이 곳을 '코드 창'이라고 하며, 여기에 매크
로나 VBA 코드를 작성합니다.

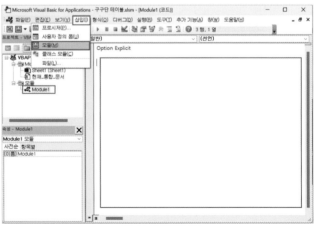

▲ Module이 삽입된 모습

05 Ctrl + V 키를 눌러서 **02** 단계에서 복사한
코드를 붙여넣기 합니다. 코드를 실행시켜
보겠습니다. 작성된 코드 내부에 커서를 둔
다음, 표준 도구 모음에 있는 [Sub/사용자
정의 폼 실행] 아이콘(▶)을 클릭하거나 F5
키를 누릅니다.

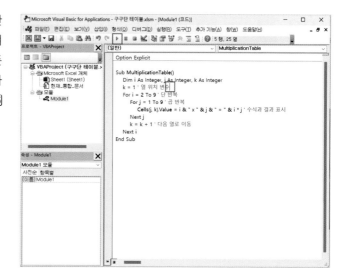

06 워크시트에 구구단 테이블이 표시됩니다.

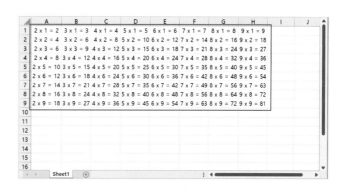

참고 이번 예제의 목적은 구구단 테이블을 만들거나 중첩 반복문을 이해하는 데 있지 않습니다. ChatGPT를 이용하여 어떻게
코드를 만들고 엑셀에서 사용하는지 그 흐름과 순서를 이해하는 데 주안점을 두세요.

TIP 구구단 테이블을 만드는 데에 여러 가지 개념이 필요하다는 것은 다음 포스트 글만 살펴봐도 알 수
있습니다.

http://www.iexceller.com/MyXls/VBA_Beginner/VBA_Beginner5.asp

02 [실무] 빈 행 한꺼번에 삭제하기 SECTION

⊙ **예제 파일**: 예제\06장\빈 행 일괄 삭제.xlsm

[연습] 시트를 보면 데이터 중간중간에 빈 행이 있습니다. 간격도 불규칙합니다. 데이터량이 많은데 빈 행을 모두 삭제해야 한다면 꽤나 성가신 일이 될 수 있습니다. 챗GPT를 통해 해결할 수 있을까요? 상황을 정확히 전달하면 챗GPT가 VBA 코드를 만들어줍니다.

	A	B	C	D	E	F	G	H	I	J
1	NO	부서명	사번	이름	직급	엑셀	워드	PPT		
2	1	기획팀	A008501	최한길	사원	43	37	46		
3	2	영업3팀	A004189	박현우	과장	34	38	66		
4										
5	3	기획팀	A005510	최종혁	차장	49	70	72		
6	4	총무팀	A001213	정주희	대리	60	76	69		
7	5	영업지원팀	A009136	박수영	사원	77	75	73		
8										
9										
10	6	영업3팀	A003012	이남중	과장	48	94	68		
11	7	법인영업팀	A003730	권준우	사원	98	69	71		
12	8	인사팀	A008453	김지현	사원	56	39	45		
13										
14										
15	9	영업3팀	A007971	최혜주	차장	46	82	98		
16	10	영업3팀	A009511	김상훈	대리	97	88	93		
17	11	인사팀	A003843	박정필	사원	49	95	55		
18	12	영업1팀	A008788	이응용	대리	50	40	87		
19										
20	13	재무팀	A007574	최인성	차장	75	79	55		

연습 완성 ⊕

01 키워드를 정리하고 프롬프트를 작성합니다. 하고자 하는 작업을 키워드로 1차 정리하고, 그것을 이용하여 문장으로 구성합니다. 작업할 내용이 간단하다고 생각된다면 바로 프롬프트 작성에 들어가도 상관없습니다.

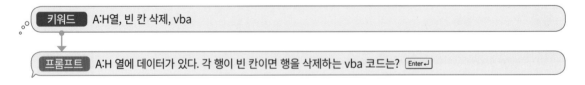

키워드 A:H열, 빈 칸 삭제, vba

프롬프트 A:H 열에 데이터가 있다. 각 행이 빈 칸이면 행을 삭제하는 vba 코드는? [Enter↵]

02 챗GPT 프롬프트 창에 명령을 입력하고 Enter↵나 ◁ 아이콘을 클릭하면 코드가 생성됩니다. [Copy code] 아이콘을 눌러 코드를 복사합니다.

03 워크시트로 가서 Alt + F11 키를 누르면 Visual Basic Editor 화면이 나타납니다. [삽입] – [모듈] 메뉴를 선택합니다.

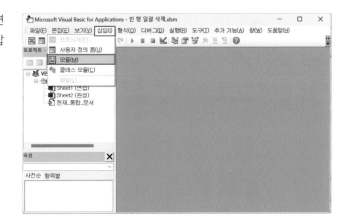

04 [Module1] 오른쪽에 '코드 창'이 표시됩니다. 코드 창으로 가서 Ctrl + V를 눌러 02 단계에서 복사한 코드를 붙여넣기 합니다.

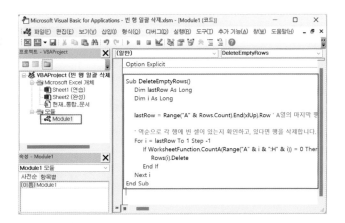

05　코드를 실행시켜 보겠습니다. 작성
된 코드 내부를 클릭하여 커서를
옮깁니다. 표준 도구 모음에 있는
[Sub/사용자 정의 폼 실행] 아이콘
(▶)을 클릭하거나 F5 키를 누릅
니다. 시트 내에 있던 모든 빈 행이
한꺼번에 제거됩니다.

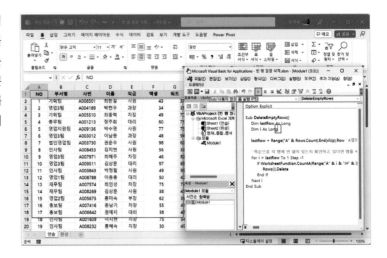

TIP **[개발 도구] 탭을 사용해 보세요**

매크로나 VBA를 자주 사용한다면 [개발 도구] 탭을 이용하면 편리합니다.

01　'빠른 실행 도구 모음'이나 탭을 마우스 오른쪽 버튼으로
클릭하고 [리본 메뉴 사용자 지정]을 선택합니다.

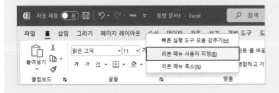

02　[Excel 옵션] 대화상자에서 [리본 사용자 지정]을 선택
합니다. 대화상자 우측 하단에 [개발 도구] 항목이 있습
니다. 클릭하여 체크 표시를 하고 [확인] 버튼을 클릭합
니다.

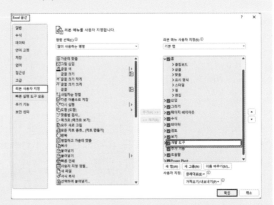

03　[개발 도구] 탭이 나타납니다. Visual Basic Editor를 표시하거나 실행하는 등 Visual Baisic 관련 작업을 편리하게 수행할 수
있습니다.

03 [실무] 지정한 숫자만큼 행 삽입하는 법 SECTION

⊙ **예제 파일**: 예제\06장\지정한 숫자만큼 행 삽입하기.xlsm

행정구역 별 '동수'를 표기한 자료가 있습니다. 각 동별로 '배정수량'에 있는 숫자만큼 행을 자동으로 삽입하는 코드를 작성해 보겠습니다.

> ⚠ **주의**
>
> 이번 예제는 영역의 맨 아래에서부터 위로 올라오면서 진행합니다. 워크시트에 행이나 열을 삽입/삭제할 때에는 아래쪽부터 접근하는 것이 바람직합니다.

01 작업 순서를 떠올려 보면서 키워드와 프롬프트를 작성합니다.

[**키워드**] 배정수량(숫자), 빈 행 삽입

[**프롬프트**] C2 셀부터 숫자가 들어 있다. 맨 아래에서 위로 올라오면서 숫자만큼 빈 행을 삽입하는 vba 코드는? [Enter↵]

02 [Copy code]를 눌러서 코드를 복사합니다.

> 아래 코드는 C2 셀부터 맨 아래 행까지 반복하면서 숫자만큼 빈 행을 삽입하는 VBA 코드입니다.

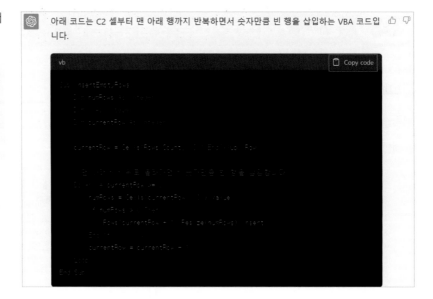

> **참고** 소스 코드 내용은 예제 파일을 통해 확인하세요. 예제 파일을 열고 Alt + F11 을 누르세요.

03 워크시트에서 Visual Basic Editor를 표시합니다(Alt + F11) [삽입] – [모듈] 메뉴를 선택하여 모듈을 삽입한 다음, '코드 창'에 코드를 붙여넣기 합니다(Ctrl + V).

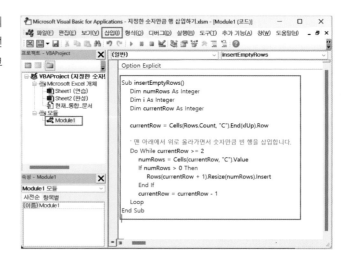

04 [프로시저 내부를 클릭하여 커서를 옮긴 다음, 표준 도구 모음에 있는 [Sub/사용자 정의 폼 실행] 아이콘(▶)을 클릭합니다. '배정수량'에 표시된 숫자만큼 빈 행이 삽입됩니다.

> **참고** VBA에서는 별도로 지정하지 않으면 현재 열려 있는 워크시트(ActiveSheet)를 작업 대상으로 합니다.

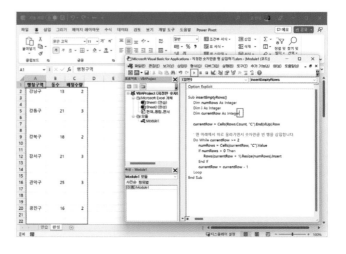

04 [기본] 문서 내의 모든 표 서식 맞추기 SECTION

⊙ **예제 파일**: 예제\06장\표 서식 맞추기.xlsm

예제 파일에는 '동부'에서 '중부'까지 5개 시트가 있습니다. 각 시트에는 하나 또는 그 이상의 '엑셀 표'로 작성된 테이블이 있습니다. 표가 작성된 위치도 제각각이죠.

통합 문서 내에 있는 모든 표의 서식을 일일이 수정하지 않고 한꺼번에 맞출 수 있는 방법이 없을까요? 챗 GPT를 통해 문제를 해결해 보겠습니다. 통합 문서 내에 있는 모든 엑셀 표의 제목 행을 ①노란 배경색에, ② 굵은 글씨로, ③가운데 정렬해 보겠습니다.

01 키워드와 프롬프트를 작성합니다. 수작업으로 한다면 어떤 과정을 거쳐서 하게 될 지 떠올려 보면 상황을 정리하는 데 도움이 됩니다.

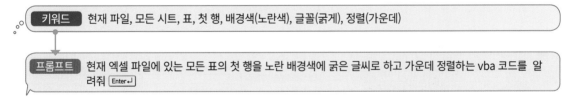

키워드 ▸ 현재 파일, 모든 시트, 표, 첫 행, 배경색(노란색), 글꼴(굵게), 정렬(가운데)

프롬프트 ▸ 현재 엑셀 파일에 있는 모든 표의 첫 행을 노란 배경색에 굵은 글씨로 하고 가운데 정렬하는 vba 코드를 알려줘 [Enter↵]

02 Enter↵ 키(또는 ◁ 아이콘)를 클릭
하면 코드가 생성됩니다.
[Copy code] 아이콘을 클릭하여
코드를 복사합니다.

현재 엑셀 파일에 있는 모든 표의 첫 행을 노란 배경색에 굵은 글씨로 하고 가운데 정렬하
는 vba 코드를 알려줘

현재 엑셀 파일에 있는 모든 표에 대해 첫 번째 행에 대해 노란 배경색, 굵은 글씨, 가운데
정렬을 적용하는 VBA 코드는 다음과 같습니다.

03 워크시트로 가서 Alt + F11 키를 누르면
Visual Basic Editor가 나타납니다. [삽입]
– [모듈] 메뉴를 선택하여 모듈을 삽입한
다음, '코드 창'에 코드를 붙여넣기 합니다
(Ctrl + V).

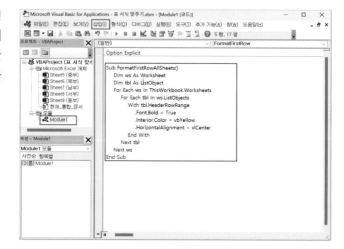

04 코드 내부를 클릭해서 커서를 둔 다음, 표준
도구 모음에 있는 [Sub/사용자 정의 폼 실
행] 아이콘(▶)을 클릭(또는 F5)합니다.

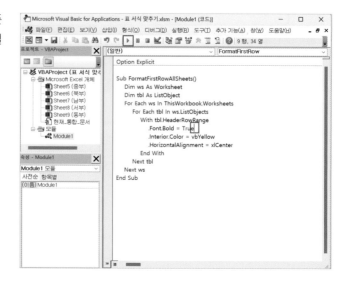

05 현재 문서 내 모든 시트에 있는 모든 표 제목 서식이 원하는 대로 지정되었습니다. 표의 크기나 위치, 갯수 등과 무관하게 한 번에 처리됩니다.

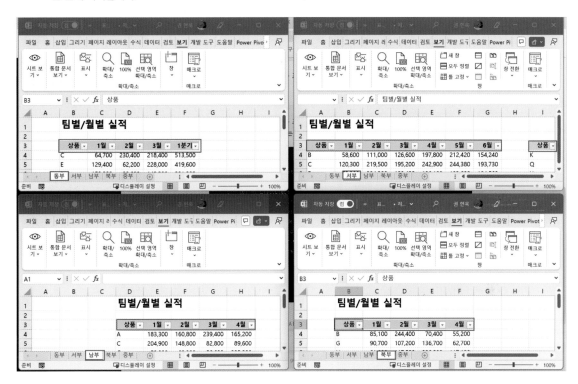

 TIP

책에서 소개한 예제와 추가 자료는 다음 동영상 강의에서도 보실 수 있습니다.

▶ https://youtu.be/wW80M1xFV8Y

05 [기본] 수식이 든 셀만 수정 못하게 막는 법 SECTION

◉ **예제 파일**: 예제\06장\수식이 든 셀 보호.xlsm

복잡한 수식을 공들여 만들었는데 누군가 실수로 수식을 지워버리거나 일부를 변경해 버린다면 난처해집니다. 수식이 입력된 셀들을 찾아서 보호해 둔다면 이런 상황을 방지할 수 있겠죠? 예제 파일의 [완성] 시트 E열에는 수식이 들어 있습니다. 수식을 변경하려고 F2나 Del 키를 누르면 경고 메시지가 나타납니다.

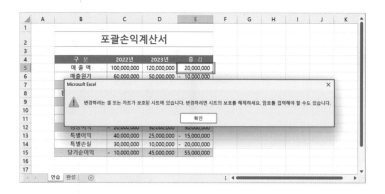

01 작업할 내용을 키워드로 정리하고 프롬프트를 만듭니다.

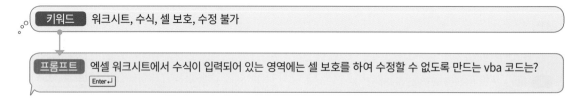

키워드 워크시트, 수식, 셀 보호, 수정 불가

프롬프트 엑셀 워크시트에서 수식이 입력되어 있는 영역에는 셀 보호를 하여 수정할 수 없도록 만드는 vba 코드는?
Enter↵

02 프롬프트 입력 후 Enter↵ 키나 ◁ 아이콘을 클릭하면 코드가 만들어집니다. [Copy code] 아이콘을 눌러 코드를 복사합니다.

03 워크시트로 가서 Alt + F11 키를 누릅니다. Visual Basic Editor에서 모듈을 삽입합니다. ([삽입] – [모듈] 메뉴). '코드 창'에서 Ctrl + V를 눌러 코드를 붙여넣기 합니다.

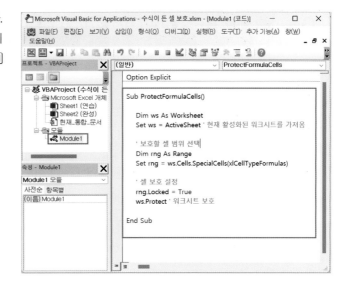

04 코드 내부를 클릭해서 커서를 둔 다음, 표준 도구 모음에 있는 [Sub/사용자 정의 폼 실행] 아이콘(▶)을 클릭하거나 F5 키를 누릅니다.

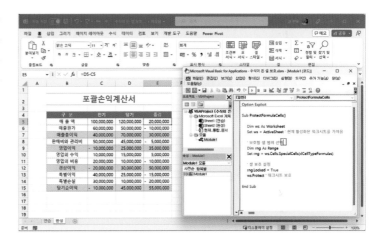

05 이제 [완성] 시트에서 수식이 들어 있는 셀은 보호가 되므로 수정하거나 삭제할 수 없습니다. 참고로 앞의 코드는 현재 워크시트(ActiveSheet)를 대상으로 작동합니다.

참고 셀 보호를 해제하여 원 상태로 하려면 [검토] 탭 – [보호] 그룹에서 [시트 보호 해제]를 선택하면 됩니다.

06 실무 여러 파일 이름 한꺼번에 바꾸기 SECTION

⊙ **예제 파일**: 예제\06장\여러 파일 이름 변경.xlsm, 예제\06장\실적(폴더)

'실적' 폴더 안에 각 팀별 파일이 있습니다. 동부, 서부, 남부 등과 같이 팀 이름만 있어서 언제 만든 데이터인지 구분하기 어려워 파일 이름 뒤에 추가 정보를 입력하고자 합니다. 동부_230303. xlsx, 서부_230303.xlsx 이런 식으로 말이죠. 챗GPT를 이용하여 여러 파일의 이름을 한꺼번에 바꿔 보겠습니다.

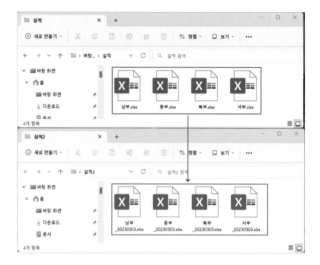

01 키워드를 정리해 봅니다. 특정한 폴더(예. 바탕화면) 내에 있는 여러 파일 이름을 변경하는 것이니까 아래와 같은 키워드들이 나올 수 있겠습니다.

> **키워드** 바탕화면, 실적 폴더, 파일 이름 변경, underscore(_), 오늘 날짜

키워드를 이용하여 프롬프트를 작성합니다. 잠시 챗GPT 입장(?)이 되어 생각해 보면 작업 지시를 어떻게 내려야 할 지 짐작할 수 있습니다.

> **프롬프트** 바탕화면의 '실적' 폴더에 파일이 여러 개 있고 파일 이름을 바꾸고 싶다. 각 파일 이름 뒤에 underscore 문자와 오늘 날짜를 연결해서 변경하는 vba 코드는? [Enter↵]

02 챗GPT 프롬프트 창에 명령문을 작성하고 [Enter↵] 키(또는 ◁ 아이콘)를 누릅니다. 코드가 작성되면 [Copy code] 아이콘을 클릭합니다.

> **참고** 코드를 알면 더욱 좋겠지만 몰라도 상관없기에 코드는 일부만 표시했습니다. 전체 코드는 예제 파일에서 확인하세요.

03 워크시트로 가서 Alt + F11을 눌러 Visual
Basic Editor가 나타나도록 합니다. [삽입]
– [모듈] 메뉴를 선택하여 모듈을 삽입하고
코드를 붙여넣기 합니다(Ctrl + V).

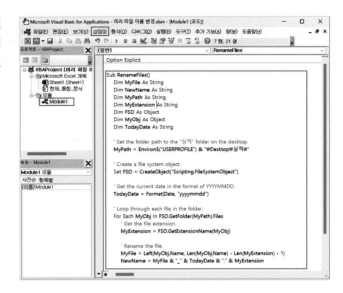

04 코드 내부를 클릭해서 커서를 옮
겨 놓은 다음, 표준 도구 모음에 있
는 [Sub/사용자 정의 폼 실행] 아이
콘(▶)을 클릭(또는 F5)합니다. [실
적] 폴더에 있는 모든 파일의 이
름이 '팀명_오늘날짜' 형태로 일
괄 변경됩니다.

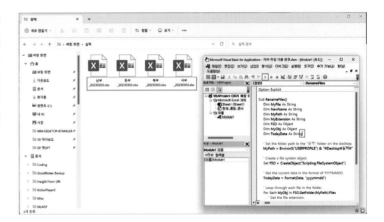

 주의

예제 파일(여러 파일 이름 변경.xlsm)에서 코드를 실행하기 전에 [실적] 폴더를 바탕화면으로 옮겨 두세요. 챗GPT가 작성한 코드는
바탕화면에 있는 실적 폴더를 기준으로 작성되었기 때문입니다. 만약 다른 곳으로 지정하고 VBA로 코딩을 하셨다면 상관없습니다.

07 [기본] 이름과 색깔로 시트 정렬하는 법 SECTION

◉ **예제 파일**: 예제\06장\시트 정렬하기.xlsm

엑셀의 기본 기능으로는 시트를 정렬할 수 없습니다. VBA로 코딩하면 가능하지만 순환문이나 배열에 대한 이해가 필요합니다. 챗GPT를 이용하면 이러한 개념을 전혀 몰라도 해결할 수 있습니다. 하고자 하는 것을 제대로 전달할 수만 있으면 됩니다.

▲ 맨 오른쪽부터 시트가 오름차순으로 정렬된 상태

01 하고자 하는 바가 '시트 정렬'로 단순 명확하기 때문에 바로 프롬프트를 작성합니다.

> **프롬프트** 엑셀 파일 내의 모든 시트를 가나다순으로 정렬하는 vba 코드를 알려줘 [Enter↵]

02 [Enter↵] 키나 ◁ 아이콘을 클릭하면 복잡한 개념이 사용된 코드가 뚝딱 만들어집니다. [Copy code]를 클릭하여 코드를 복사합니다.

> **참고** 코드를 알면 더욱 좋겠지만 몰라도 상관없기에 코드는 일부만 표시했습니다. 전체 코드는 예제 파일에서 확인하실 수 있습니다.

03 워크시트에서 Alt+F11을 누릅니다. Visual Basic Editor에서 모듈을 [삽입] – [모듈] 메뉴를 선택하여 모듈을 삽입한 다음 코드를 붙여넣기 합니다(Ctrl+V).

04 표준 도구 모음에 있는 [Sub/사용자 정의 폼 실행] 아이콘(▶)을 클릭하거나 F5 키를 눌러서 코드를 실행하면 시트가 정렬됩니다.

▲ 시트 정렬 전 상태

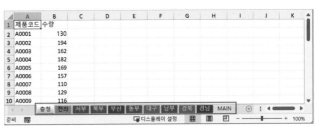

▲ 시트 정렬 후(오른쪽부터 가나다순)

> **TIP 시트 탭 색을 기준으로도 시트를 정렬할 수 있을까요?**
>
> 엑셀 2007 버전부터는 시트 탭에 색상을 지정할 수 있으며 VBA를 이용하여 탭 색을 기준으로 정렬하는 코드를 만들 수도 있습니다. 앞에서 소개한 방법을 응용하면 챗GPT가 코딩하도록 할 수 있습니다. 프롬프트를 이렇게 작성하고 코드를 생성합니다.
>
> **프롬프트** 엑셀 파일 내의 모든 시트를 시트 탭 색을 기준으로 정렬하는 vba 코드를 알려줘
>
> 코드를 모듈에 붙여넣고 실행하면 탭 색을 기준으로 정렬됩니다. 챗GPT가 작성한 코드는 예제 파일의 [Module1]에서 'SortSheetsByTabColor' 프로시저를 참고하세요.
>
>
>
> ▲ SortSheetsByTabColor 프로시저 실행하면 탭 색 기준으로 정렬됩니다.

<table>
<tr><td>**08**</td><td>**실무** **자료 집계표 쉽게 만드는 법**</td><td>SECTION</td></tr>
</table>

⊙ **예제 파일**: 예제\06장\집계표 만들기.xlsm

예제 파일의 [Sheet1]에는 두 개의 표가 있습니다. 왼쪽 표는 '로데이터(Raw data)'라고 부르는 원본 데이터입니다. 이 데이터를 이용하여 오른쪽에 있는 것과 같은 품목별 집계표를 만들어 보겠습니다.

	A	B	C	D	E	F	G	H	I
1	품목	팀	수량	금액					
2	딸기 요거트	동부	189	907,200		딸기 요거트	585	2,520,700	
3	딸기 요거트	동부	160	672,000		망고 바나나	639	2,519,000	
4	딸기 요거트	동부	53	159,000		바닐라 라떼	885	3,601,400	
5	딸기 요거트	동부	142	639,000		바닐라 크림 브루	585	2,147,500	
6	딸기 요거트	동부	41	143,500		아메리카노	789	3,241,000	
7	망고 바나나	서부	58	278,400		에스프레소	905	3,502,900	
8	망고 바나나	서부	183	768,600		유기농 말차 라떼	640	2,500,700	
9	망고 바나나	서부	102	306,000		제주 유기농 녹차	670	2,672,000	
10	망고 바나나	서부	130	585,000		콜드 브루	750	2,931,000	
11	망고 바나나	서부	166	581,000		화이트초콜릿 모카	831	3,310,000	
12	바닐라 라떼	남부	243	1,166,400					
13	바닐라 라떼	남부	90	378,000					
14	바닐라 라떼	남부	220	660,000					
15	바닐라 라떼	남부	235	1,057,500					
16	바닐라 라떼	남부	97	339,500					
17	바닐라 크림 브루	북부	70	336,000					
18	바닐라 크림 브루	북부	100	420,000					
19	바닐라 크림 브루	북부	244	732,000					
20	바닐라 크림 브루	북부	61	274,500					
21	바닐라 크림 브루	북부	110	385,000					
22	아메리카노	중부	217	1,041,600					
23	아메리카노	중부	72	302,400					

Sheet1 (+)

01 키워드와 프롬프트를 작성합니다. 원본 데이터는 A:D열에 있습니다. A열의 품목 데이터 중에서 고유한 값만 추출하여 집계표를 만들게 되죠? 일련의 상황에서 키워드를 추출해 봅니다.

> **키워드** 고유 품목 추출, F2셀(집계표가 시작될 위치), 수량 합계, 금액 합계, 기존 데이터가 있으면 삭제

키워드를 문장으로 만듭니다. 행을 구분하여 좀 더 간단하게 표현할 수도 있습니다. 그와 관련해서는 다음 예제에서 다루기로 하고, 일단 여기서는 한 문단으로 입력합니다.

> **프롬프트** A열은 품목, B열은 팀, C열은 수량, D열은 금액으로 된 데이터가 있다. A열에 있는 품목을 중복되지 않게 추출하여 F2셀부터 차례로 표시하고 그 옆에 수량 합계, 금액 합계를 표시하는 vba 코드를 작성. F:H 열에 데이터가 있다면 지워 [Enter↵]

02 Enter↵ 또는 ◁ 아이콘을 누르면 코드를 만들어줍니다. [Copy code] 아이콘을 클릭하여 코드를 복사합니다.

03 워크시트 상태에서 Alt + F11을 눌러 Visual Basic Editor를 표시한 다음, 모듈을 추가합니다([삽입] – [모듈]). 코드 창에서 Ctrl + V 키를 눌러 코드를 붙여넣기 합니다.

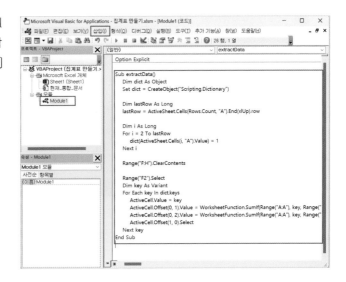

04 작성된 코드 내부에 커서를 둔 다음, 표준 도구 모음에 있는 [Sub/사용자 정의 폼 실행] 아이콘(▶)을 클릭하거나 F5 키를 누르면 품목별 집계표가 만들어집니다.

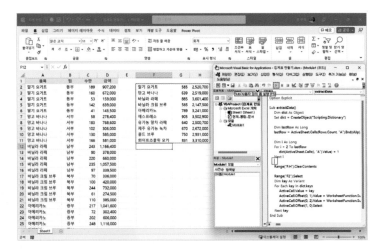

참고 **챗GPT가 짠 코드에 오류가 있을 수 있나요?**

당연히 그럴 수 있습니다. 그것도 자주 일어나는 일입니다. 챗GPT는 이전에 주고받은 대화를 기억하고 있으므로(같은 대화창인 경우) 계속 질문을 이어가면 됩니다. 따라서 다음과 같은 형태로 명령하여 코드를 수정하도록 할 수 있습니다.

앞의 코드는 오류가 있는 것 같은데 수정해줘

코드를 실행해보니, Range 함수 내에서 Rows와 Columns를 혼동한 오타가 있었습니다. 아래와 같이 수정된 코드를 확인해주세요.

특정한 부분에서 오류가 계속 생길 수도 있습니다. 이 때에는 해당 코드를 복사(Ctrl + C)한 다음 프롬프트 창에 붙여넣기(Ctrl + V)하여 물어보면 됩니다.

프롬프트 코드 중 다음 부분에서 계속 오류가 나는데 수정해줘 Shift + Enter↵
(Ctrl + V를 눌러 내용 붙여넣기)

09 응용 값이 달라지면 구분 행 삽입하기 SECTION

⊙ **예제 파일**: 예제\06장\구분 행 삽입하기.xlsm

시/구/동으로 이루어진 행정구역 데이터가 있습니다. 이 중에서 '구'가 다르면 자료가 끝나는 곳에 빈 행을 한 줄 삽입하여 구분하고자 합니다.

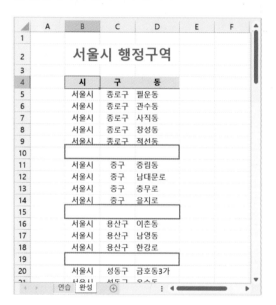

⚠️ 주의

빈 행을 삽입할 때 사람이 수작업으로 한다면 맨 윗 행부터 시작하는 경우가 많습니다. 하지만 VBA로 코딩할 때에는 맨 아래에서부터 위로 올라오면서 작업해야 예기치 않은 오작동을 방지할 수 있습니다. 챗GPT를 이용하여 코딩할 때 코딩을 몰라도 할 수 있지만 경험이 있다면 더욱 효율적으로 처리할 수 있습니다.

01 키워드를 정리합니다. 작업 순서를 떠올려 보면서 문장으로 만듭니다.

TIP 챗GPT 프롬프트 창에 여러 줄 입력하는 법

프롬프트에 내용을 입력하고 Enter↵ 키를 누르면 챗GPT가 답을 하기 시작합니다. 이번 예제와 같이 프롬프트 창에 여러 줄을 입력하려면 Shift + Enter↵ 키를 누르면 됩니다.

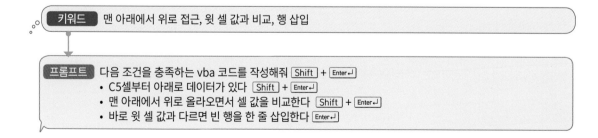

키워드 맨 아래에서 위로 접근, 윗 셀 값과 비교, 행 삽입

프롬프트 다음 조건을 충족하는 vba 코드를 작성해줘 Shift + Enter↵
• C5셀부터 아래로 데이터가 있다 Shift + Enter↵
• 맨 아래에서 위로 올라오면서 셀 값을 비교한다 Shift + Enter↵
• 바로 윗 셀 값과 다르면 빈 행을 한 줄 삽입한다 Enter↵

02 글머리 기호나 들여쓰기를 할 필요는 없습니다(보기 편하도록 정리하기 위해 이렇게 표현했을 따름입니다). 입력이 끝났으면 [Enter↵]나 ⎯ 아이콘을 클릭하여 코드를 생성합니다. [Copy code]를 눌러서 코드를 복사합니다.

> **TIP** [Shift]+[Enter↵] 키를 이용하여 한 번에 여러 줄의 명령문을 입력할 때에는 프롬프트 창에 직접 입력하는 것보다는 윈도우 메모장이나 워크시트 빈 공간에 입력한 다음 이것을 복사/붙여넣기 하면 편리합니다. ChatGPT 명령창에서 [Shift]+[Enter↵]를 눌러가며 줄 바꿈할 필요가 없어집니다.

03 워크시트에서 [Alt]+[F11]을 눌러 Visual Basic Editor를 표시합니다. [삽입] – [모듈] 메뉴를 선택하여 모듈을 삽입하고, '코드 창'에 코드를 붙여넣기 합니다([Ctrl]+[V]).

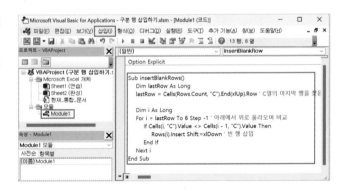

04 프로시저 내부를 클릭하여 커서를 옮긴 다음, 표준 도구 모음에 있는 [Sub/사용자 정의 폼 실행] 아이콘(▶)을 클릭하면 '구'가 달라질 때마다 빈 행이 한 줄씩 추가됩니다.

> **⚠ 주의**
> 빈 행을 삽입하기 전에 기준이 되는 데이터(여기서는 C열 데이터)를 기준으로 정렬되어 있어야 원하는 대로 진행됩니다.

10 응용 같은 값 셀 병합하기 SECTION

⊙ **예제 파일**: 예제\06장\같은 값 셀 병합.xlsm

예제 파일의 [완성] 시트에는 표가 2개 있습니다. 왼쪽 표의 '품목' 열에는 중복되는 항목이 있는데 이것을 오른쪽 표와 같이 병합 처리해 보겠습니다. 이 정도 수준의 코딩을 작성하려면 적지 않은 시간과 노력을 투자해야 합니다. 챗GPT를 이용하면 해결할 수 있습니다. 하고자 하는 내용을 질문으로 잘 전달하기만 하면 됩니다.

	A	B	C	D	E	F	G	H	I
1		**품목별 실적**				**품목별 실적**			
2									
3		품목	월	실적		품목	월	실적	
4		콜드 브루	동부	1,028			동부	1,028	
5		콜드 브루	서부	1,191		콜드 브루	서부	1,191	
6		콜드 브루	남부	1,239			남부	1,239	
7		콜드 브루	북부	1,193			북부	1,193	
8		바닐라 크림 브루	동부	1,771			동부	1,771	
9		바닐라 크림 브루	서부	1,741		바닐라 크림 브루	서부	1,741	
10		바닐라 크림 브루	남부	1,695			남부	1,695	
11		바닐라 크림 브루	북부	1,366			북부	1,366	
12		유기농 말차 라떼	동부	1,383			동부	1,383	
13		유기농 말차 라떼	서부	1,516		유기농 말차 라떼	서부	1,516	
14		유기농 말차 라떼	남부	1,793			남부	1,793	
15		유기농 말차 라떼	북부	1,316			북부	1,316	
16		바닐라 라떼	동부	1,705			동부	1,705	
17		바닐라 라떼	서부	1,770		바닐라 라떼	서부	1,770	
18		바닐라 라떼	남부	1,161			남부	1,161	
19		바닐라 라떼	북부	1,824			북부	1,824	
20		아메리카노	동부	1,848			동부	1,848	
21		아메리카노	서부	1,586		아메리카노	서부	1,586	
22		아메리카노	남부	1,461			남부	1,461	
23		아메리카노	북부	1,882			북부	1,882	

예제 완성 ⊕

01 키워드를 정리하고 프롬프트를 작성합니다. 같은 값을 가진 셀을 병합을 하기 위해서는 셀을 정렬해 두어야 합니다. 또한 셀을 병합하면 맨 위의 값만 남게 된다는 경고 메시지가 매번 표시되므로 이 부분에 대한 처리도 해주어야 합니다. 이러한 사항을 참고하여 키워드를 도출합니다.

> **키워드** B4:B43 영역, 오름차순 정렬, 경고 메시지 제거, 셀 병합, vba

이런 정도의 키워드를 이용하여 명령문을 작성하면 되겠습니다(글머리 기호나 들여쓰기를 할 필요는 없습니다).

> **프롬프트** 다음 조건을 충족하는 vba 코드를 작성해 [Shift] + [Enter↵]
> • B4:B43 영역에 데이터가 있다 [Shift] + [Enter↵]
> • B4:B43 영역의 데이터를 오름차순 정렬한다 [Shift] + [Enter↵]
> • 셀 병합 시 나타나는 경고 메시지가 나타나지 않게 한다 [Shift] + [Enter↵]
> • 셀 내용이 같으면 셀 병합한다 [Enter↵]

TIP 한 번에 여러 줄의 명령문을 입력할 때에는 프롬프트 창에 직접 입력하는 것보다는 윈도우 메모장이나 워크시트 빈 공간에 입력한 다음 이것을 복사/붙여넣기 하면 편리합니다. 개인적으로는 메모장을 애용합니다.

02 명령문을 모두 작성한 다음 Enter↵ 키를 누르면 코딩이 됩니다. 코드와 함께 간단한 설명도 표시됩니다. [Copy code] 아이콘을 눌러 코드를 복사합니다.

위 코드에서 `Range("B4:B43")` 부분에 원하는 영역을 지정하면 됩니다. `Application.DisplayAlerts = False` 부분은 셀 병합 시 경고 메시지를 숨기는 부분입니다. 마지막으로 `Application.DisplayAlerts = True`로 설정하여 경고 메시지를 다시 표시합니다. `Set mergeEnd = mergeStart.Offset(cell.Row - mergeStart.Row - 1, 0)` 부분은 셀 병합을 위해 마지막으로 병합할 셀을 찾는 부분입니다.

참고 소스 코드 내용은 예제 파일을 통해 확인하세요. 예제 파일을 열고 Alt + F11을 누르세요.

03 워크시트로 가서 Alt + F11키를 누르면 Visual Basic Editor 화면이 나타납니다. [삽입] – [모듈] 메뉴를 선택합니다.

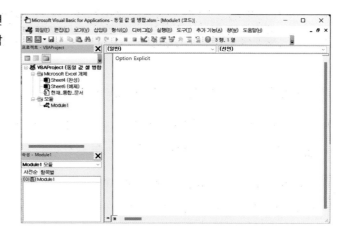

04 코드 창으로 가서 Ctrl + V 키를 눌러서 02 단계에서 복사한 코드를 붙여넣기 합니다. 작성된 코드 내부 아무 곳이나 클릭하여 커서를 둔 다음, 표준 도구 모음에 있는 [Sub/사용자 정의 폼 실행] 아이콘(▶)을 클릭합니다(F5 키를 눌러도 됩니다).

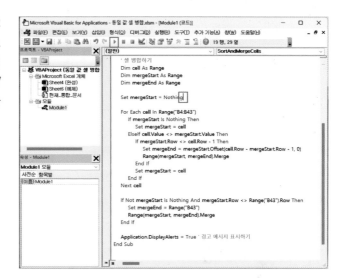

05 지정한 영역(B4:B43)에서 같은 값을 가진 셀들이 모두 병합됩니다.

> **TIP** 같은 값을 가진 셀을 병합하는 VBA 코드의 작동 원리와 추가 설명은 다음 포스트 글을 참고하세요.
>
> http://www.iexceller.com/MyXls/VBA/VBA_06/mergeCellAndSubTotal.asp

	A	B	C	D	E	F	G	H
1		품목별 실적						
2								
3		품목	월	실적				
4			동부	1,028				
5		딸기 요거트	서부	1,191				
6			남부	1,239				
7			북부	1,193				
8			동부	1,771				
9		망고 바나나	서부	1,741				
10			남부	1,695				
11			북부	1,366				
12			동부	1,383				
13		바닐라 라떼	서부	1,516				
14			남부	1,793				
15			북부	1,316				
16			동부	1,705				
17		바닐라 크림 브루	서부	1,770				
18			남부	1,161				
19			북부	1,824				
20			동부	1,848				
21		아메리카노	서부	1,586				
22			남부	1,461				
23			북부	1,882				

11 응용 버튼을 만들고 자료 위치 맞바꾸기   SECTION

⊙ **예제 파일**: 예제\06장\버튼 만들고 자리 맞바꾸기.xlsm

이번에는 '있을 법한데 엑셀에는 없는 기능' 한 가지를 챗GPT를 이용해 구현해 보겠습니다. 이 예제를 보시고 나면, '챗GPT의 한계는 상상력의 한계구나'라고 느끼시게 될 겁니다.

예제 파일 [Sheet1] 시트의 B열에는 이름, D열에는 숫자가 있습니다. ① 코드를 실행하면 '자료 위치 바꾸기' 버튼이 생깁니다. ② 이 버튼을 클릭하면 두 영역의 데이터 위치가 서로 바뀝니다.

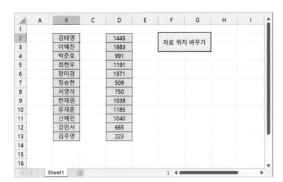

이런 자리 맞바꿈 기능은 엑셀에서 기본 기능으로 제공되지 않습니다. 챗GPT를 이용하면 버튼을 만들고, 버튼에 코드를 연결하여 실행되도록 하는 과정을 모두 자동으로 처리할 수 있습니다.

01 작업 과정을 생각해 보면서 떠오르는 단어들을 정리해 봅니다. 앞의 그림과 같이 F2 셀에 버튼을 삽입한다면 다음 정도의 키워드를 생각해 볼 수 있겠습니다.

> **키워드** F2셀에 버튼 삽입, 기존 버튼 삭제, B열과 D열 데이터 위치 바꿈, 코드를 버튼에 연결

> 챗GPT에게 명령을 내리기 위해 프롬프트를 작성할 때, 만약 수작업으로 한다면 어떤 과정으로 진행하는 지 생각해 보는 것이 좋습니다. 특히나 작업 과정이 길고 복잡할 경우 더욱 그렇습니다. 앞에서 작성한 키워드의 배치 순서를 정하고 문장으로 만듭니다.

> **프롬프트** 다음 조건을 충족하는 vba 코드를 작성해줘 `Shift` + `Enter↵`
> • 현재 워크시트 F2 셀 열 너비의 2배, 행 높이의 2배 크기의 버튼을 삽입한다 `Shift` + `Enter↵`
> • 기존에 만들어진 것이 있으면 지운다 `Shift` + `Enter↵`
> • B2 셀부터 아래에 있는 셀과 D2 셀부터 아래에 있는 셀의 위치를 바꾸는 vba 코드를 작성한다 `Shift` + `Enter↵`
> • 작성한 코드를 버튼에 연결한다 `Shift` + `Enter↵`
> • 버튼의 캡션은 '자료 위치 바꾸기'로 지정한다 `Enter↵`

> **TIP** 프롬프트를 직접 입력하기 어려운 경우를 대비하여 [Sheet1]의 L2:L7 영역에 프롬프트를 입력해 두었습니다. 같은 프롬프트를 사용하더라도 챗GPT의 이전 사용 경험에 따라 생성되는 코드는 다를 수 있습니다.

02 Enter↲ 키나 ◁ 아이콘을 클릭하면 코드가 생성됩니다. [Copy code]를 누릅니다.

03 워크시트에서 Alt + F11키를 눌러 Visual Basic Editor를 표시합니다. [삽입] – [모듈] 메뉴를 선택하여 모듈을 삽입한 다음, '코드 창'에 코드를 붙여넣기 합니다(Ctrl + V).

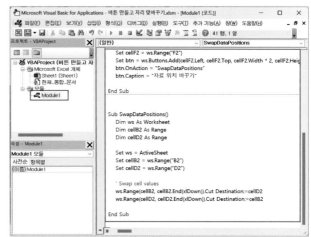

04 프로시저 내부에 커서를 둔 다음, 표준 도구 모음에 있는 [Sub/사용자 정의 폼 실행] 아이콘(▶)을 클릭하면 워크시트 F2:G2 셀에 [자료 위치 바꾸기] 버튼이 만들어집니다. 이 버튼에는 'SwapDataPositions' 프로시저가 자동으로 연결되어 있습니다. 버튼을 누를 때마다 B열과 D열의 데이터가 위치를 바꿉니다.

 주의

이 작업은 서로 맞바꾸려는 두 영역의 크기가 같아야 제대로 작동합니다.

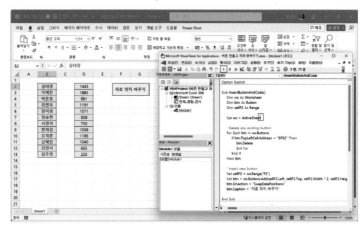

12 응용 Enter↵를 눌러 시트 삽입하는 법 SECTION

◉ **예제 파일**: 예제\06장\시트 자동 삽입하기.xlsm

예제 파일의 [Main] 시트에는 노란색으로 표시된 영역이 있습니다(B4:B20). 이곳에 어떤 문자열을 입력하고 Enter↵를 누르면 그 이름의 워크시트가 자동으로 만들어집니다. B4:B20이 아닌 다른 영역에는 문자를 입력하더라도 시트가 만들어지지 않습니다. 이것은 어떻게 한 것일까요?

01 만약 수작업으로 한다면 어떤 순서로 어떻게 할 수 있을 지 떠올려 보고 키워드와 프롬프트를 작성합니다. 어떤 동작이 일어났을 때 특정한 작업이 수행되는 것을 '이벤트(Event)'라고 합니다. 이번 예제에서는 이벤트 개념을 적용하여 챗GPT가 코딩하도록 합니다. 이것만 보더라도 '엑셀의 기본 기능이나 VBA에 대해 많이 알수록 챗GPT를 더 잘 쓸 수 있겠구나'라는 사실을 아시겠죠?

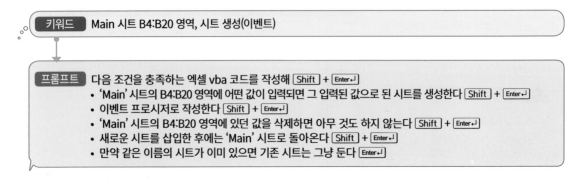

키워드 Main 시트 B4:B20 영역, 시트 생성(이벤트)

프롬프트 다음 조건을 충족하는 엑셀 vba 코드를 작성해 Shift + Enter↵
• 'Main' 시트의 B4:B20 영역에 어떤 값이 입력되면 그 입력된 값으로 된 시트를 생성한다 Shift + Enter↵
• 이벤트 프로시저로 작성한다 Shift + Enter↵
• 'Main' 시트의 B4:B20 영역에 있던 값을 삭제하면 아무 것도 하지 않는다 Shift + Enter↵
• 새로운 시트를 삽입한 후에는 'Main' 시트로 돌아온다 Shift + Enter↵
• 만약 같은 이름의 시트가 이미 있으면 기존 시트는 그냥 둔다 Enter↵

> **참고　이벤트와 이벤트 프로시저**
>
> 이벤트(Event)는 엑셀을 사용할 때 발생하는 특정한 동작을 뜻합니다. 예를 들어 셀에 데이터를 입력하거나 삭제할 때, 버튼을 클릭할 때, 워크시트를 선택할 때 등과 같이 어떤 동작을 할 때마다 이벤트가 발생합니다. 이벤트 프로시저(Event procedure)는 이벤트가 발생할 때 실행되는 특수한 형태의 프로시저입니다. 이벤트와 이벤트 프로시저는 VBA 프로그래밍에서 매우 중요한 개념입니다.

02 Enter↵ 나 ⊿ 아이콘을 클릭하면 코드가 생성됩니다. [Copy code] 아이콘을 클릭하여 코드를 복사합니다.

03 지금까지는 워크시트로 가서 Alt + F11키를 눌러 Visual Basic Editor가 나타나도록 한 다음, 코드를 작성(붙여넣기)했습니다. 이벤트 프로시저를 작성할 때에도 그렇게 할 수 있습니다만 좀 더 편리하게 처리해 보겠습니다. [Main] 시트의 시트 탭을 마우스 오른쪽 버튼으로 클릭하고 단축 메뉴 중에서 [코드 보기]를 선택합니다.

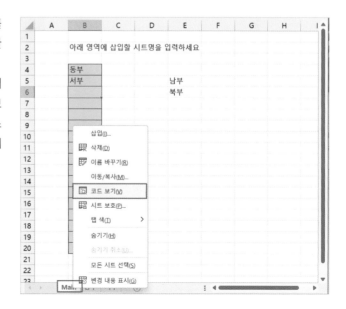

04 워크시트에서 Alt + F11 키를 눌렀을 때처럼 Visual Basic Editor가 나타납니다. 화면 왼쪽 위('프로젝트 탐색기'라고 부릅니다)를 보면 [Sheet1 (Main)] 부분이 희미한 회색으로 선택되어 있습니다. 이 상태에서 화면 오른쪽 코드 창으로 가서 Ctrl + V 키를 눌러 **02** 단계에서 복사한 코드를 붙여넣기 합니다. 코드 창 위에 있는 두 개의 드롭다운 상자가 그림과 같이 변합니다. 왼쪽 드롭다운 상자는 [Worksheet], 오른쪽 드롭다운 상자는 [Change]로 되어 있는 지 확인합니다,

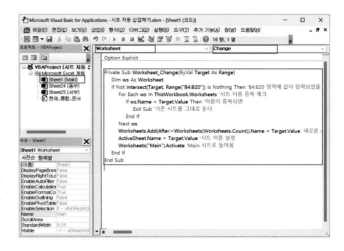

05 이벤트 프로시저가 제대로 작동하는 지 확인해 보겠습니다. [Main] 시트로 가서 노란색으로 된 영역에 시트명을 입력합니다. 예를 들어 B8 셀에 '중부'라고 입력하고 Enter↵ 키를 눌러 보세요. [중부] 시트가 자동으로 생깁니다.

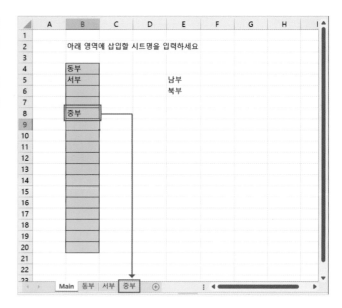

 주의

이 코드는 예시를 위한 것으로 별도의 디버깅 과정은 추가하지 않았습니다. 이벤트 프로시저를 어떻게 생성하고 활용하는 지 그 과정을 이해해 두시기 바랍니다. 이벤트 프로시저를 이용하면 워크시트에 어떤 값을 입력하거나 삭제할 때 뿐만 아니라 시트를 삽입하거나 삭제할 때, 통합 문서를 열거나 닫을 때 등 특정한 동작이 발생할 때마다 어떤 작업이 수행되도록 할 수 있습니다.

13 응용 시트 내비게이션 만들기 SECTION

⊙ **예제 파일**: 예제\06장\시트 내비게이션(연습).xlsm, 예제\06장\시트 내비게이션(완성).xlsm

예제 파일의 [내비게이션] 시트를 열어보면 현재 통합 문서 내에 있는 시트 이름들이 표시되어 있습니다(현재 통합 문서에 있는 시트 목록입니다). 시트 이름을 클릭하면 해당 시트로 이동합니다.

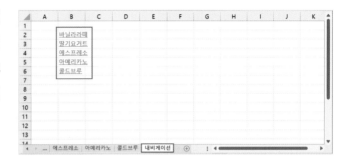

각 시트의 A1 셀에는 [내비게이션] 시트로 이동할 수 있는 하이퍼링크가 작성되어 있습니다. 이와 같은 워크시트 내비게이션을 챗GPT를 이용하여 코딩해 볼까요?

01 작업할 내용에 대한 키워드를 추출합니다. 가장 중요한 키워드는 '내비게이션'과 '하이퍼링크'가 되겠습니다. '만약 수작업으로 한다면 어떤 순서로 작업할까?' 생각해 보면서 프롬프트를 작성합니다. 여러 가지 기능이 들어가도 보니 명령문도 길어집니다. 누가 보더라도 이해하기 쉽도록 명료하게 정리하는 것이 좋습니다.

> **키워드** 내비게이션 시트 생성, 내비게이션 시트 B2 셀, 하이퍼링크, 각 시트의 A1 셀에 하이퍼링크 삽입, 시트 삭제 시 경고 메시지 제거

> **프롬프트** 다음 조건을 충족하는 vba 코드를 작성해 `Shift` + `Enter↵`
> - 엑셀 파일에 상품별 워크시트가 있다 `Shift` + `Enter↵`
> - 워크시트 가장 오른쪽에 '내비게이션' 워크시트를 만들고 다른 워크시트의 이름을 '내비게이션' 시트의 B2 셀부터 아래에 차례로 표시한다 `Shift` + `Enter↵`
> - 만약 '내비게이션' 시트가 있으면 지우고 다시 만든다. 이 때 경고 메시지가 나타나지 않도록 한다 `Shift` + `Enter↵`
> - '내비게이션' 시트의 B2셀부터 아래에 있는 셀을 클릭하면 그 이름을 가진 시트의 A1 셀로 이동하도록 하이퍼링크를 설정한다 `Shift` + `Enter↵`
> - '내비게이션' 시트가 아닌 워크시트의 A1 셀에는 '내비게이션 시트로 이동'이라고 표시하고 이 셀을 클릭하면 '내비게이션' 시트의 A1 셀로 이동하도록 하이퍼링크를 설정한다 `Enter↵`

TIP 프롬프트를 직접 입력하기 어려운 경우를 대비하여 예제 파일의 [콜드브루] 시트 J3:J8 영역에 프롬프트를 입력해 두었습니다. 생성형 AI의 특성으로 인해 같은 프롬프트를 사용하더라도 만들어지는 코드는 다를 수 있습니다.

02 프롬프트를 작성했으면 Enter↵ 키
나 ◁ 아이콘을 눌러 코드를 생성
하고 [Copy code]를 클릭합니다.

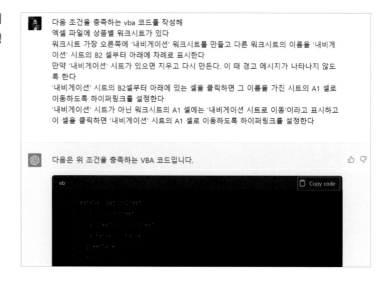

03 워크시트로 가서 Alt + F11을 눌러 Visual
Basic Editor가 나타나도록 합니다. [삽입]
– [모듈] 메뉴를 선택하여 모듈을 삽입한
다음, '코드 창'에 코드를 붙여넣기 합니다
(Ctrl + V).

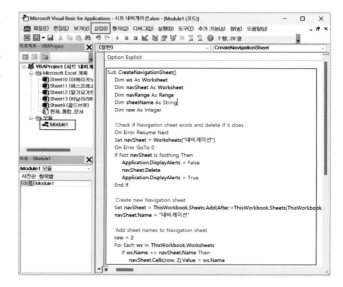

04 모듈의 맨 위에 'Option Explicit'이라는 문
구가 있다면 삭제하거나 앞에 작은 따옴표
(')를 붙여서 주석으로 처리합니다.

참고 'Option Explicit'을 삭제하는 이유는 무엇이며 어떤 역할을 하나요?

'Option Explicit'은 모듈 내에서 사용되는 모든 변수에 대해 미리 선언해 주지 않으면 오류를 발생시키는 역할을 하며, 이는 코딩의
명확성을 높여줍니다. 일종의 검문소(Check Point) 역할을 하는 셈입니다. 챗GPT가 생성한 코드는 변수 선언을 빼먹는 경우가 자주
있습니다. Option Explicit 구문을 제거하면 이에 따른 오류를 방지하는 데 도움이 됩니다. VBA 코딩에 대한 경험이 쌓이면 Option
Explicit 구문을 사용하는 것을 추천합니다.

05 코드 내부를 클릭해서 커서를 옮깁니다. 표준 도구 모음에 있는 [Sub/사용자 정의 폼 실행] 아이콘(▶)을 클릭하거나 F5 키를 누르면 [내비게이션] 시트가 만들어집니다. B열에 있는 하이퍼링크를 클릭하면 해당 시트로 이동하고, 개별 시트의 A1 셀을 클릭하면 [내비게이션] 시트로 돌아옵니다.

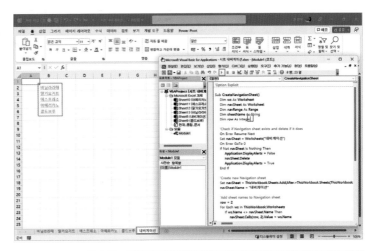

14 　응용 프로모션 행사 확인 함수 만들기　　SECTION

⊙ **예제 파일**: 예제\06장\프로모션 진행 확인.xlsm

미래전자는 대형 온라인 플랫폼 N사와 프로모션 행사를 진행했습니다. 미래전자가 일주일 동안 판매한 제품들을 정리(D:J열)했는데 여기에는 N사를 포함한 모든 실적이 포함되어 있습니다. N사와 프로모션을 진행한 상품의 상품코드는 M열에 정리되어 있습니다. 전체 실적 중에서 N사의 프로모션 실적만 구하는 함수를 만들어 보겠습니다. 참고로, 엑셀의 내장 함수가 아니라 사용자가 만든 함수를 '사용자 정의 함수'라고 부릅니다.

	A	B	C	D	E	F	G	H	I	J	K	L	M	N
2	상품번호	상품명	N사 행사여부	03/09	03/10	03/11	03/12	03/13	03/14	03/15	합계		상품코드	
3	31337836	미래전자 헤어 드라이기 KC-A1690 접이식		14	5	18	1	14	3	11			KC-B1977	
4	73808231	미래전자 헤어 전문가용 드라이기 KC-A1958 2000W		8	20	10	9	7	0	11			KC-B3011	
5	62118601	에어샷 듀얼모션 플라즈마 드라이기 KC-D1970		4	20	6	19	10	15	6			KC-B4010SN	
6	31360613	미래전자 전문가용 헤어드라이 KC-A1330NA	Y	20	2	18	11	3	15	19	88		KC-B4010N	
7	66016873	미래전자 헤어 드라이기 KC-B1977	Y	7	9	10	0	1	6	12	45		KC-A4100	
8	31343931	미래전자 접이식 드라이기 KC-A1610 1600W		18	12	11	13	2	5	18			KC-A8065	
9	64447463	미래전자 캔디바 헤어 고데기 UCI-A2015		14	7	9	17	14	10	19			KC-T1991	
10	31338085	미래전자 캠핑 접이식 헤어드라이기 KC-B1727N		4	12	12	10	6	14	4			KC-A3056	
11	62588161	미래전자 헤어 접이식 드라이기 KC-A1010 2000W		9	2	12	7	16	14	16			KC-B5005	
12	66921150	에어샷 플라즈마 드라이기 KC-T1991	Y	6	17	12	1	5	15	19	75		KC-A1330N	
13	66921793	미래전자 뿌리볼륨 고데기 UCI-A2929		7	18	7	12	1	12	20			KC-B3021	
14	65072305	미래전자 테이크아웃 미니 고데기 UCI-A2501NA		9	3	11	14	16	16	1			KC-B1612	
15	66007114	미래전자 테이크아웃 무선 미니 고데기 UCI-A2020		15	2	19	17	19	19	9			KC-B1613	
16	31824877	미래전자 슈퍼D+ BLDC 헤어 드라이기 KC-B4010SN	Y	13	2	8	5	13	3	10	54			
17	66921970	미래전자 2000W 헤어 드라이기 KC-B1453 접이식		6	9	9	4	11	9	1				
18	31358580	미래전자 테이크아웃 미니 고데기 UCI-A2502NA		6	20	11	12	4	11	18				
19	31345142	미래전자 헤어 드라이기 KC-2895A 접이식		15	19	9	12	8	10	18				
20	31333637	미래전자 테이크아웃 무선 브러쉬 미니 고데기 UCI-A2027		0	18	8	17	1	8	8				
21	55240755	미래전자 헤어 드라이기 KC-B1611 접이식		16	13	7	1	0	4	6				

연습 | 완성

▲ N사와 프로모션 행사를 한 데이터만 합계를 구합니다.

> 참고 ▶ 이번 예제는 챗GPT가 작성한 코드를 일부 수정하여 사용합니다. 크게 어렵지는 않지만 매크로나 VBA에 대한 기본 지식이 있으면 더욱 쉽게 이해할 수 있습니다. VBA 코딩 경험이 없더라도 설명 내용을 그대로 따라하시면 됩니다.

01 작업 순서를 떠올려 보고 키워드로 정리합니다. 이런 유형의 문제는 함수 형태로 만들면 편리합니다. 따라서 가장 중요한 키워드는 '사용자 정의 함수'입니다.

만약 이런 문제를 해결해주는 엑셀 내장 함수가 있다면 어떤 식으로 사용할까요? 워크시트의 셀에 '=함수명(B3, M3:M15)' 이런 식으로 사용하겠죠? 이것을 염두에 두면서 프롬프트를 작성합니다.

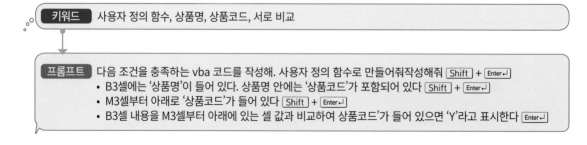

키워드　사용자 정의 함수, 상품명, 상품코드, 서로 비교

프롬프트　다음 조건을 충족하는 vba 코드를 작성해. 사용자 정의 함수로 만들어줘작성해줘 Shift + Enter↵
• B3셀에는 '상품명'이 들어 있다. 상품명 안에는 '상품코드'가 포함되어 있다 Shift + Enter↵
• M3셀부터 아래로 '상품코드'가 들어 있다 Shift + Enter↵
• B3셀 내용을 M3셀부터 아래에 있는 셀 값과 비교하여 상품코드'가 들어 있으면 'Y'라고 표시한다 Enter↵

02 챗GPT가 작성한 코드에는 오류가 있습니다. 몇 번을 수정 지시해 보았지만 InStr 함수의 인수가 잘못 지정되어 있습니다. 프로모션이 진행되지 않았으면 'N'을 표시하게 챗GPT가 코딩했는데 이 부분도 수정하겠습니다. 일단 [Copy code]를 눌러서 코드를 복사합니다.

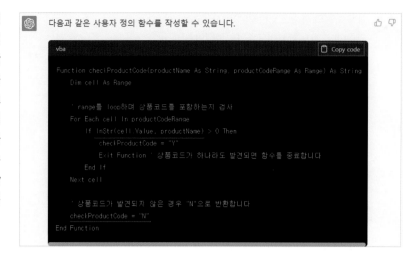

03 워크시트에서 [Alt]+[F11] 키를 눌러서 Visual Basic Editor를 표시한 다음, [삽입] – [모듈] 메뉴를 선택하여 모듈을 삽입합니다. '코드 창'에 코드를 붙여넣기 합니다([Ctrl] + [V]). 코드 중 두 곳을 수정합니다.

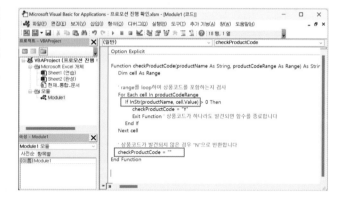

	수정 전	수정 후
①	InStr(cell.Value, productName)	InStr(productName, cell.Value)
②	checkProductCode = "N"	checkProductCode = ""

> **참고** ▶ **InStr**: 어떤 문자열을 포함하고 있는 지 여부를 판단하는 함수입니다(VBA 내장 함수). VBA에서 문자열 처리를 할 때 많이 사용되는 함수이므로 기억해 두시기 바랍니다.
>
> **(사용법)** InStr([start,] string1, string2 [,compare])
> start: 검색 시작 위치. 생략하면 첫 번째 글자부터 시작
> string1: 조사할 대상
> string2: 찾을 문자열
> compare: 비교 유형 지정. 보통은 생략
> [ ] 안은 생략 가능

04 사용자 정의 함수도 일반 함수와 사용법은 같습니다. 'N사 행사여부'를 표시할 [연습] 시트의 C3 셀을 선택합니다. '=check'라고 입력하면 팝업 상자가 나타납니다. 함수명을 더블 클릭하거나 Tab 키를 누르면 함수명이 자동으로 입력됩니다.

05 함수의 인수를 지정합니다. 앞의 인수는 B3 셀, 뒤의 인수는 상품코드가 들어있는 M3:M15 영역을 범위로 지정합니다. M3:M15는 수식을 아래로 복사할 때 범위가 바뀌면 안 되므로 F4 를 눌러 절대 주소 형태로 지정하고 Enter↵ 키를 누릅니다.

C3: =checkProductCode(B3,$M$3:$M$15)

06 C3 셀 우측 하단의 '채우기 핸들'을 클릭하여 수식을 아래로 복사합니다.

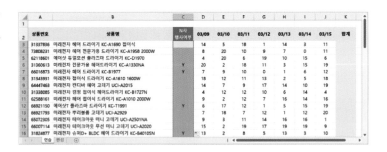

07 '합계'를 구하기 위해 K3 셀에 다음과 같은 수식을 작성합니다. 챗GPT를 통해 작성할 수도 있지만 간단한 IF 함수이므로 바로 입력하겠습니다.

=IF(C3="Y",SUM(D3:J3),"")

08 K3 셀 우측 하단의 '채우기 핸들'을 더블 클릭하여 데이터를 완성합니다. 'N사 행사여부'에 'Y' 표시가 된 데이터만 '합계'가 구해집니다.

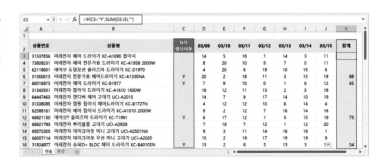

15 응용 위클리 실적 자동 요약하기 SECTION

◉ **예제 파일**: 예제\06장\팀별 요일별 실적.xlsm

어느 회사의 [팀별/요일별 실적] 데이터가 있습니다. B3:I14 영역에는 기본적인 실적 데이터가 들어 있습니다. 이 데이터를 이용하여 '주간 실적 요약' 테이블을 만듭니다. 지금까지 일일이 수작업으로 해왔다면 이제는 자동화에 도전해 보세요. 챗GPT를 이용하면 매크로나 VBA를 몰라도 코딩하고 업무에 활용할 수 있습니다.

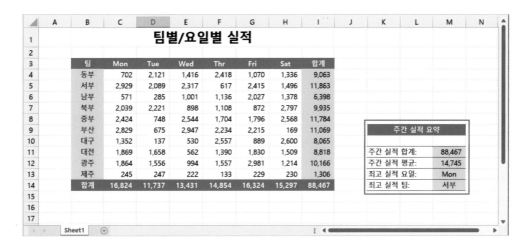

01 이번 예제처럼 여러 단계로 처리해야 하는 경우에는 하고자 하는 사항들을 문장으로 정리해 봅니다(진행 시간 순서). 작업 과정이 복잡하다면 이런 식으로 문장 형태로 정리해 보면 프롬프트를 체계적으로 작성하는 데 도움이 됩니다.

챗GPT에게 내릴 명령 정리

1. 주간 실적 합계: 요일별 실적(C14:H14)의 합계를 구해서 M11 셀에 표시한다.
2. 주간 실적 평균: 요일별 실적(C14:H14)의 평균을 구해서 M12 셀에 표시한다.
3. 요일별 실적(C14:H14) 중에서 최대값을 찾는다. 그 셀로부터 위쪽으로 11행 이동한 곳에 있는 값을 가져와서 M13 셀에 표시한다.
4. 팀별 실적(I4:I13) 중에서 최대값을 찾는다. 그 셀로부터 왼쪽으로 7열 이동한 곳에 있는 값을 가져와서 M14 셀에 표시한다.

02 정리한 내용을 토대로 윈도우 메모장이나 워크시트의 빈 공간으로 가서 챗GPT 명령문 형태로 입력합니다.

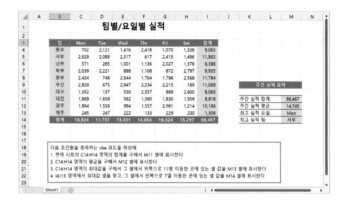

프롬프트 다음 조건들을 충족하는 vba 코드를 작성해 [Shift] + [Enter↵]
- 현재 시트의 C14:H14 영역의 합계를 구해서 M11 셀에 표시한다 [Shift] + [Enter↵]
- C14:H14 영역의 평균을 구해서 M12 셀에 표시한다 [Shift] + [Enter↵]
- C14:H14 영역의 최대값을 구해서 그 셀에서 위쪽으로 11행 이동한 곳에 있는 셀 값을 M13 셀에 표시한다 [Shift] + [Enter↵]
- I4:I13 영역에서 최대값 셀을 찾고, 그 셀에서 왼쪽으로 7열 이동한 곳에 있는 셀 값을 M14 셀에 표시한다 [Enter↵]

---

03 명령문을 복사([Ctrl] + [C])한 다음, 챗GPT 프롬프트 창에 붙여넣기([Ctrl] + [V]) 하고 [Enter↵] 키를 누르면 VBA 코드가 생성됩니다. [Copy code] 아이콘을 클릭하여 코드를 복사합니다.

04 워크시트로 가서 Alt + F11 키를 누릅니다.

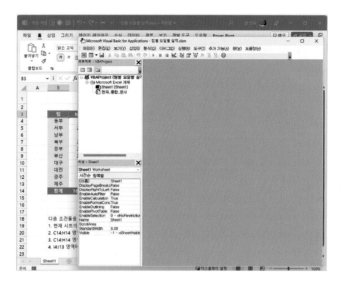

05 Visual Basic Editor에서 [삽입] – [모듈] 메
뉴를 선택하면 모듈이 삽입됩니다. 오른쪽
에 있는 '코드 창'에 코드를 작성(또는 붙여
넣기) 합니다.

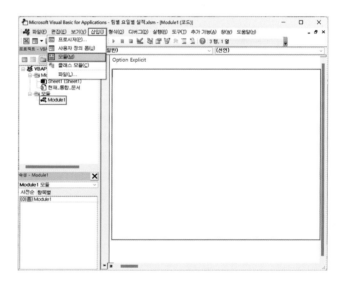

06 만약 코드 창 맨 위에 'Option Explicit'이라
는 구문이 있다면 지웁니다. 이 구문은 나중
에 VBA로 직접 코딩을 할 때에는 유용하게
사용할 수 있지만 지금 단계에서는 없어도
상관없습니다. (자세한 내용은 146쪽 참고).
Ctrl + V 키를 눌러서 **03** 단계에서 복사한
코드를 붙여넣기 합니다.

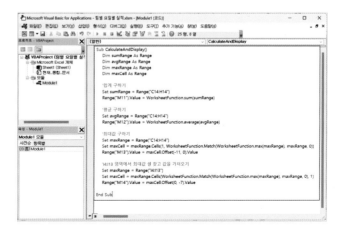

07 코드를 실행시켜 보겠습니다. 작성된 코드 내부에 커서를 둔 다음, 표준 도구 모음에 있는 [Sub/사용자 정의 폼 실행] 아이콘(▶)을 클릭하거나 F5 키를 누릅니다.

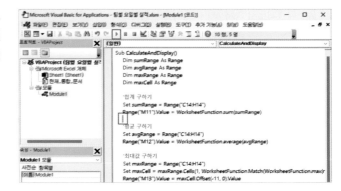

08 요약 데이터가 작성되었습니다.

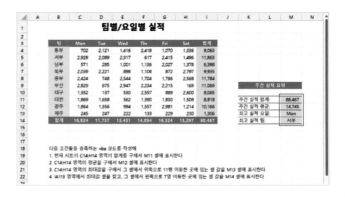

16 **응용** 여러 시트 데이터 하나로 통합하기 SECTION

⊙ **예제 파일**: 예제\06장\여러 시트 통합하기.xlsm

예제 파일에는 4개의 시트가 있습니다. 각 시트는 제품코드별 수량이 들어있습니다. A 시트에는 A0001부터 시작되는 제품이, B 시트에는 B0001로 시작되는 제품이 들어 있는 식이죠.

	A	B	C	D	E	F	G
1	제품코드	수량					
2	A0001	8,646					
3	A0002	5,276					
4	A0003	1,027					
5	A0004	2,761					
6	A0005	1,565					
7	A0006	5,149					
8	A0007	2,294					
9	A0008	8,546					
10	A0009	3,085					
11	A0010	102					
12	A0011	1,827					
13	A0012	5,408					
14	A0013	8,448					
15	A0014	4,094					
16	A0015	378					

A B C D

4개의 시트에 있는 데이터를 '통합'이라는 이름의 시트에 모두 통합하라는 지시를 받았다면 여러분은 어떻게 하시겠습니까? 작업 분량이 이 정도라면 그래도 할 만하지만 시트가 많고 데이터가 훨씬 많고, 또 이런 일을 수시로 해야 한다면 '칼퇴(칼퇴근)'는 힘들어지겠죠?

01 과정이 좀 길고 복잡할 것 같으면 하려는 바를 정리해 보는 것이 좋습니다. 워크시트의 빈 공간에 해도 좋고 워드나 메모장을 이용해도 됩니다. 자신의 손에 익은 도구를 선택하세요. 앞에 있는 챗GPT에게 작업지시를 내린다 생각하고 현재 상황과 진행할 과정을 차분히 정리해 보세요.

챗GPT에게 내릴 명령 정리

1. 현재 파일에는 4개의 시트가 있다.
2. 각 시트의 A열에는 제품코드, B열에는 수량 데이터가 들어 있다.
3. 별도의 통합 시트를 만들어서 이것을 하나로 합치고 싶다. 통합 시트가 이미 있는 지 확인해서 있다면 지우고 다시 만든다.
4. 시트를 삭제할 때 나타나는 메시지 상자는 표시하지 않게 한다.
5. 모든 작업이 끝나면 커서를 통합 시트의 첫 번째 셀로 이동시킨다.

02 1차 정리한 내용을 이용하여 프롬프트를 작성합니다. 번호나 글머리는 붙이지 않아도 됩니다. 들여쓰기를 할 필요도 없습니다. 메모장이나 워크시트에 간결하게 입력합니다.

> **프롬프트** 다음 조건을 충족하는 vba 코드를 작성해
> - 엑셀 파일에 4개의 시트가 있다
> - 각 시트의 A, B열에 데이터가 들어 있다
> - A, B, C, D 시트의 내용을 하나로 합쳐서 '통합' 시트에 표시한다
> - A 시트의 작업이 끝나면 그 다음 시트는 이전 결과 아래쪽에 이어서 표시한다
> - '통합' 시트의 열 제목은 A 시트의 열 제목으로 한다
> - 만약 '통합' 시트가 있으면 시트를 삭제하고 다시 만든다
> - 이 때 오류 메시지는 나타나지 않도록 한다
> - 모든 작업이 끝나면 '통합' 시트의 A1 셀로 이동한다

참고 직접 입력하기 어려운 분들을 위해 예제 파일의 [A] 시트 I1:I9 영역에 프롬프트를 입력해 두었습니다. 이전 작업 경험에 따라 똑 같은 프롬프트를 사용하더라도 생성된 코드는 다를 수 있습니다. 챗GPT가 작성한 코드에서 오류가 나는 경우도 있습니다. 그럴 때에는 당황하지 말고 134쪽 내용을 참고로 코드를 다시 생성하세요.

03 프롬프트 작성이 끝났으면 복사해서 챗GPT 프롬프트 창에 붙여넣기 하고 Enter↵ 키나 또는 ◁ 아이콘을 누릅니다.

> 다음 조건을 충족하는 vba 코드를 작성해
> 엑셀 파일에 4개의 시트가 있다
> 각 시트의 A, B열에 데이터가 들어 있다
> A, B, C, D 시트의 내용을 하나로 합쳐서 '통합' 시트에 표시한다
> A 시트의 작업이 끝나면 그 다음 시트는 이전 결과 아래쪽에 이어서 표시한다
> '통합' 시트의 열 제목은 A 시트의 열 제목으로 한다
> 만약 '통합' 시트가 있으면 시트를 삭제하고 다시 만든다
> 이 때 오류 메시지는 나타나지 않도록 한다
> 모든 작업이 끝나면 '통합' 시트의 A1 셀로 이동한다

04 코드 작성이 완료되었으면 [Copy code] 아이콘을 클릭합니다.

모든 작업이 끝나면 '통합' 시트의 A1 셀로 이동한다

다음은 조건을 충족하는 VBA 코드입니다.

```vbnet
Sub CombineSheets()
    Dim CombinedSheet As Worksheet
    Dim CurrentSheet As Worksheet

    ' Delete the '통합' sheet if it already exists without displaying any error message
    On Error Resume Next
    Application.DisplayAlerts = False
    Worksheets("통합").Delete
    Application.DisplayAlerts = True
    On Error GoTo 0
```

05 워크시트로 가서 Alt + F11 키를 누르면 Visual Basic Editor가 나타납니다. [삽입] – [모듈] 메뉴를 선택하여 모듈을 삽입하고, 코드를 붙여넣기 합니다(Ctrl + V). 코드 내부를 클릭해서 커서를 둔 다음, 표준 도구 모음에 있는 [Sub/사용자 정의 폼 실행] 아이콘(▶)을 클릭(또는 F5)합니다.

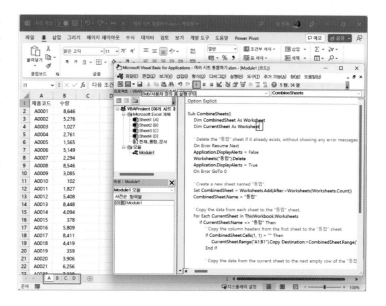

06 A ~ D 시트에 있던 데이터가 모두 합쳐졌고 셀 포인터는 통합 시트의 A1 셀로 옮겨져 있습니다.

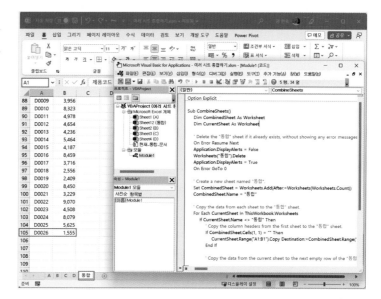

챗GPT로 상품 기획에서 계약서 작성, 파워포인트 수정까지

CHAPTER. 07

챗GPT는 언어인공지능입니다. 그 중에서도 매개변수가 일정 규모를 넘는 거대언어모델 (Large Language Model)입니다. 언어인공지능이므로 각종 보고서나 이메일 작성, 번역, 아이디어 도출, 콘텐츠 제작 등 직장인들의 업무에 폭넓게 활용할 수 있습니다.

잠시 어느 회사의 마케팅 담당자가 되어 봅니다. 마케터가 신제품 아이디어를 찾는 것을 시작으로 네이밍을 하고, 보도자료를 만들고, 광고 스크립트 제작하는 과정을 살펴봄으로써 챗GPT를 업무에 얼마나 다양하게 적용할 수 있는지 아이디어를 얻어보시기 바랍니다.

또한 챗GPT를 이용하여 워드 내용을 수정하고 파워포인트 서식을 맞추는 방법에 대해서도 알아봅니다.

CASE

정은지 씨는 카페에 프리미엄 베이커리를 납품하는 식품 스타트업 '델리시아(Delicia)'의 마케팅 담당자이다. 한동안 급속히 성장하며 언론과 투자자들의 주목을 받았으나 코로나19 대유행으로 폐점하는 카페가 속출했고 거래처도 줄어들면서 어려움을 겪었다. 설상가상으로 정은지 씨의 선임자가 퇴사하여 인력도 부족한 상황이다.

코로나19 대유행이 진정되고 사람들의 야외 활동 증가가 예상됨에 따라 회사는 그 동안의 부진을 만회하고자 신제품을 개발하고 공격적 마케팅 활동을 하고자 한다.

'델리시아'의 주력 고객층을 대상으로 한 신제품 개발 임무를 맡게 된 정은지 씨. 고민에 고민을 거듭해 보았지만 어디서부터 시작해야 할 지 도무지 감이 잡히지 않는다. 그러던 차에 언론을 통해 챗GPT에 대한 이야기를 접하게 되었고 자신의 업무에 도움을 받아보기로 마음을 먹는다.

01 실무 챗GPT로 트렌드 키워드 도출하고 신상품 네이밍하기 SECTION

◉ **예제 파일**: 예제\07장\젊은 여성의 식습관에 관하여.txt

마케터 정은지 씨는 '젊은 여성의 식습관'에 관한 짧은 논문을 접하게 되었습니다. 챗GPT를 이용하면 논문에서 트렌드 키워드를 추출할 수 있습니다. 제시한 문장 중에서 어떤 단어가 몇 번 사용되었는지 빈도 분석을 해보면 트렌드를 읽을 수 있습니다.

01 예제 파일을 열고 Ctrl + C 를 눌러 내용을 복사합니다.

02 챗GPT 질문창에 프롬프트를 작성합니다. 빈도 분석을 하라는 명령어를 입력하고 Ctrl + V 를 눌러서 텍스트 파일의 내용을 붙여넣기 합니다.

> 프롬프트 다음 문장을 분석해서 가장 많이 나온 단어 20개를 알려줘. '단어(빈도)' 형태의 표로 만들어줘.
> Shift + Enter↵
> Ctrl + V 사회가 발전함에 따라 사람들의 식습관도 발전한다. 지난 몇 년 동안 깨끗한 식사, 유기농 농산물 및 친환경 제품의 트렌드가 주목을 받고 있으며… Enter↵

⚠️ **주의   챗GPT 프롬프트 길이 제한**

챗GPT의 프롬프트는 2048 토큰까지 입력할 수 있는 것으로 알려져 있습니다. 토큰은 단어와 비슷한 개념이지만 문장부호도 포함됩니다. 실제 사용 경험에 의하면, 한글은 이보다 훨씬 짧은 경우가 많았습니다. 만약 제대로 작동하지 않으면 프롬프트 입력 길이를 줄여 보세요.

03 프롬프트를 입력하고 Enter↵ 키를 누릅니다. 주어진 텍스트에서 가장 많이 나온 단어와 빈도가 표로 나타납니다. 의미 없는 단어는 제외하고 '유기농', '친환경', 그리고 '크럼블'을 트렌드 키워드로 추출했다고 가정합니다.

참고 챗GPT는 형태소 분석을 하긴 하지만 한글에 대해서는 완벽하지 않아 보입니다. 앞 그림에서 단어 별 빈도수가 실제와는 차이가 있습니다.

다음은 주어진 텍스트에서 가장 많이 나온 20개의 단어와 해당 단어의 빈도입니다.

단어	빈도
젊은 여성들	7
유기농	5
친환경	4
제품	4
식품	4
지속 가능한	3
환경	3
선택	3
제조	2
소비	2
식습관	2
최소한의	2
방식	2
크럼블	2
음식	2

04 신제품 이름을 만들어 보겠습니다. 친환경, 오가닉, 크럼블, 쿠키를 이용하여 이름을 추천하도록 프롬프트를 작성합니다.

> **프롬프트** 다음 단어를 이용하여 크럼블 쿠키를 만들려고 한다. 20대 여성들이 좋아할 만한 이름을 10개 만들어줘.
> Shift + Enter↵
> 친환경, 오가닉, 크럼블, 쿠키 Enter↵

> 다음 단어를 이용하여 크럼블 쿠키를 만들려고 한다. 20대 여성들이 좋아할 만한 이름을 10개 만들어줘.
> 친환경, 오가닉, 크럼블, 쿠키
>
> 1. 에코쿠키 (EcoCookie) - 친환경을 강조한 이름으로, 자연 친화적인 재료로 만든 쿠키라는 의미를 담고 있습니다.
> 2. 오가닉럼블 (Organicrumb) - 오가닉과 크럼블을 합쳐 만든 이름으로, 오가닉한 재료로 만들어진 크럼블 쿠키를 상상하게 만듭니다.
> 3. 내추럴쿠키 (NaturalCookie) - 자연스러운 맛과 함께 오가닉, 친환경적인 이미지를 담고 있습니다.
> 4. 지속가능쿠키 (SustainableCookie) - 지속 가능한 방식으로 만들어진 쿠키라는 메시지를 담고 있습니다.
> 5. 브레이크타임 (Breaktime) 크럼블 쿠키는 일상의 작은 쉼터가 될 수 있는데, 브레이크타임은 그러한 의미를 담고 있습니다.
> 6. 오가닉크럼블 (Organicrumb) - 오가닉과 크럼블을 합쳐 만든 이름으로, 오가닉한 재료로 만들어진 크럼블 쿠키를 상상하게 만듭니다.
> 7. 허니크럼블 (Honeycrumb) - 자연스러운 허니와 크럼블을 합쳐 만든 이름으로, 달콤한 맛이 일품인 쿠키라는 이미지를 담고 있습니다.
> 8. 친환경크럼블 (EcoCrumble) - 친환경을 강조한 이름으로, 친환경적인 재료로 만들어진

05 챗GPT가 추천한 이름 중에서 마음에 드는 것이 있으면 확장할 수 있습니다.

> **프롬프트** 6번 이름이 좋다. 확장해봐 Enter↵

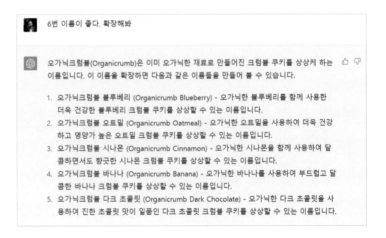

> 6번 이름이 좋다. 확장해봐
>
> 오가닉크럼블(Organicrumb)은 이미 오가닉한 재료로 만들어진 크럼블 쿠키를 상상케 하는 이름입니다. 이 이름을 확장하면 다음과 같은 이름들을 만들어 볼 수 있습니다.
>
> 1. 오가닉크럼블 블루베리 (Organicrumb Blueberry) - 오가닉한 블루베리를 함께 사용한 더욱 건강한 블루베리 크럼블 쿠키를 상상할 수 있는 이름입니다.
> 2. 오가닉크럼블 오트밀 (Organicrumb Oatmeal) - 오가닉한 오트밀을 사용하여 더욱 건강하고 영양가 높은 오트밀 크럼블 쿠키를 상상할 수 있는 이름입니다.
> 3. 오가닉크럼블 시나몬 (Organicrumb Cinnamon) - 오가닉한 시나몬을 함께 사용하여 달콤하면서도 향긋한 시나몬 크럼블 쿠키를 상상할 수 있는 이름입니다.
> 4. 오가닉크럼블 바나나 (Organicrumb Banana) - 오가닉한 바나나를 사용하여 부드럽고 달콤한 바나나 크럼블 쿠키를 상상할 수 있는 이름입니다.
> 5. 오가닉크럼블 다크 초콜릿 (Organicrumb Dark Chocolate) - 오가닉한 다크 초콜릿을 사용하여 진한 초콜릿 맛이 일품인 다크 초콜릿 크럼블 쿠키를 상상할 수 있는 이름입니다.

06 챗GPT가 추천해 준 이름에 '쿠키'를 추가하여 신제품 이름은 '오가닉 쿠키 크럼블'로 결정했습니다.

02 실무 신제품 홍보자료 작성하기 SECTION

◉ **예제 파일**: 예제\07장\신문 홍보 기사.txt

논문으로부터 트렌드 키워드를 도출하고 네이밍에 이르기까지의 과정을 일사천리로 진행했습니다. 이번에는 챗GPT를 이용하여 신제품을 언론에 알리기 위한 홍보자료를 작성해 보겠습니다.

01 어떤 내용을 기사에 담을 지 생각해 보고 키워드를 정리합니다.

> 키워드 상품명, 컨셉, 주요 특징, 출시 일자, 주고객층

기사 작성에 필요한 추가 정보를 활용하여 프롬프트를 작성합니다. 키워드로 도출한 항목 별로 정보를 입력합니다.

> 프롬프트 프리미엄 베이커리전문 스타트업 '델리시아'에서 3년 만에 신제품을 출시했다. 다음 특징을 반영한 신문 홍보 기사를 작성해줘 Shift + Enter↵
> • 상품명: 오가닉 쿠키 크럼블 Shift + Enter↵
> • 컨셉: 친환경, 오가닉, 크럼블 Shift + Enter↵
> • 특징: 부드러운 파운드케이크, 고소하고 달콤한 쿠키 크럼블 사용, 이태리산 최첨단 설비 도입 Shift + Enter↵
> • 출시 일자: 3월 15일 Shift + Enter↵
> • 주고객층: 20대 젊은 여성 Enter↵

02 홍보 기사가 작성되었습니다. 아직 은 문장이 자연스럽지 않고 어색해 보입니다.

프리미엄 베이커리전문 스타트업 '델리시아'에서 3년 만에 신제품을 출시했다. 다음 특징을 반영한 신문 홍보 기사를 작성해줘
상품명: 오가닉 쿠키 크럼블
컨셉: 친환경, 오가닉, 크럼블
특징: 부드러운 파운드케이크, 고소하고 달콤한 쿠키 크럼블 사용, 이태리산 최첨단 설비 도입
출시 일자: 3월 15일
주고객층: 20대 젊은 여성

델리시아, 프리미엄 베이커리 전문 스타트업이 3년 만에 오가닉 쿠키 크럼블을 출시합니다. 이번 신제품은 친환경적이며, 오가닉하며, 크럼블로써 20대 젊은 여성들의 입맛을 사로잡을 것입니다.

오가닉 쿠키 크럼블은 부드러운 파운드 케이크와 고소하고 달콤한 쿠키 크럼블을 사용하여 만들어졌습니다. 이 제품은 이태리산 최첨단 설비를 도입하여 제조되었으며, 최상의 품질과 맛을 보장합니다.

델리시아의 새로운 제품 오가닉 쿠키 크럼블은 3월 15일부터 출시됩니다. 이 제품은 친환경, 오가닉, 그리고 크럼블의 세 가지 장점을 모두 갖춘 제품으로, 20대 젊은 여성들의 마음을 사로잡을 것입니다. 더욱이, 이번 제품은 높은 품질과 함께 다양한 이벤트와 프로모션을 통해 고객님들의 만족도를 높이는 데에 최선을 다할 것입니다.

03 챗GPT가 쓴 글을 수정하거나 재작
성토록 하여 기사 내용을 다듬어
갑니다. 최종적으로 완성한 언론
홍보 기사입니다.

좀 더 임팩트 있게 수정해

'멜리시아'의 신제품 '오가닉 쿠키 크럼블', 친환경과 오가닉을 강조한 새로운 맛의 출현!

프리미엄 베이커리 전문 스타트업 '멜리시아'가 3월 15일, 기존 디저트의 새로운 맛을 선보
인다. '오가닉 쿠키 크럼블'은 환경보호와 자연친화적인 소비가 더욱 중요해지는 현대사회
에서 '친환경'과 '오가닉' 측면을 강조한 제품이다.

이 제품은 부드러운 파운드케이크 위에 고소하고 달콤한 두 가지 쿠키 크럼블이 적절히 엎
혀 더욱 풍성한 맛과 식감을 자랑한다. 대량 생산 시 케이크 위에 크럼블을 엎는 까다로운
공정을 적용하기 위해 이태리산 최첨단 설비를 도입하고, 아몬드 반죽에 버터와 블루베리를
각각 넣어서 구운 쿠키 크럼블로 고급스러운 수제 디저트 느낌을 최대한 살렸다.

'오가닉 쿠키 크럼블'은 젊은 여성 소비자들을 타겟으로 한다. 특히 최근 젊은층을 중심으로
크럼블을 활용한 베이커리 디저트가 인기를 끌고 있는데, 이에 착안해 더욱 세부적인 측면
에서 친환경과 오가닉 측면을 강화한 제품이다. 이미 '오가닉 쇼콜라'와 '오가닉 치즈' 등의
제품으로 젊은 여성 소비자들의 사랑을 받고 있는 '멜리시아'가 이번에 선보이는 '오가닉 쿠
키 크럼블'은 3년 만에 출시되는 신제품으로, 집이나 사무실에서도 간편하게 커피나 차와
함께 즐길 수 있는 최적의 디저트이다.

TIP 하이퍼파라미터는 엑셀의 기능을 사용하거나 VBA 코딩을 할 때에는 쓰임새가 별로 없습니다만, 예제와 같이 홍보자료나 광고 스크립트 등을 만들 때는 하이퍼파라미터를 사용하면 다양한 뉘앙스의 문장을 만들 수 있습니다. 자세한 사항은 34쪽을 참고해 보세요.

03 [실무] 광고 스크립트 작성하기 SECTION

⊙ **예제 파일**: 예제\07장\광고 스크립트.txt

챗GPT를 이용하여 TV나 유튜브 영상을 만들 때 사용할 스크립트를 만들 수도 있습니다. 이번에는 30초짜리 TV 광고용 스크립트를 챗GPT로 만들어 보겠습니다.

01 이미 만들어 놓은 신문 홍보 기사를 이용하면 되니까 바로 프롬프트 작성에 들어갑니다.

> **프롬프트** 다음 글을 이용하여 30초짜리 TV 광고용 스크립트를 써줘 [Shift] + [Enter↵]
> (광고 스크립트.txt의 ②내용 붙여넣기) [Enter↵]

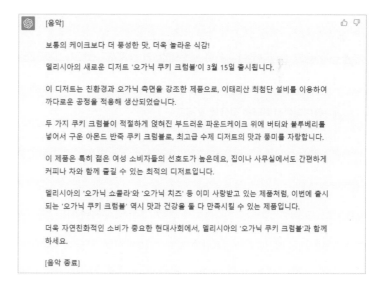

02 스크립트가 작성되었습니다. 2명의 여성이 대화하는 형식으로 바꿔 보 겠습니다.

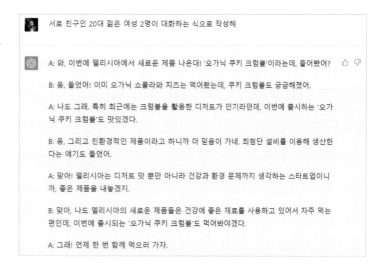

03 젊은 연인끼리 나누는 대화 형식으로 변경해 볼까요.

> **프롬프트** 다음 내용을 젊은 연인끼리 대화하는 식으로 바꿔줘 [Shift] + [Enter↵]
> (신문 홍보 기사.txt) 내용 붙여넣기 [Enter↵]

TV 광고 스크립트:

A: "델리시아에서 새로운 제품 출시! '오가닉 쿠키 크럼블'! 들어봤어?"

B: "오, 오가닉 제품은 이미 먹어봤어. 쿠키 크럼블도 궁금해!"

A: "최신 기술을 이용한 친환경 생산과 건강에 좋은 재료로 만든 디저트야. 맛과 건강, 두 마리 토끼를 모두 잡은 제품이야."

B: "델리시아는 항상 환경과 건강을 생각하는 스타트업이잖아. '오가닉 쿠키 크럼블'은 이번에 꼭 먹어봐야겠어!"

A: "그래, 함께 먹으러 가자!"

(15초 광고 끝)

04 이 버전이 좋아 보입니다. 원하는 스크립트가 될 때까지 챗GPT에게 역할을 부여해가며 진행하여 완성합니다.

> **TIP** **하이퍼파라미터를 적용해 보세요**
>
> 34쪽에서 소개한 하이퍼파라미터를 프롬프트에 적용해 보세요. 엑셀 수식이나 코딩을 할 때에는 하이퍼파라미터가 별 의미가 없지만 실용문에서는 다릅니다. 하이퍼파라미터 중에서 Tone이나 Writing Style을 이용하여 문장을 다양하게 변형해 보세요.

04　실무　고객 반응 설문지 만들기　　SECTION

⊙ **예제 파일**: 예제\07장\고객 반응 설문지.txt

신제품 '오가닉 쿠키 크럼블'이 출시된 지 2주일이 지났습니다. 초도 물량으로 준비했던 수량이 모두 소진되어 추가 생산에 들어갔다는 소식을 들은 정은지 씨는 그 동안의 피로가 한 순간에 사라지는 느낌이 들었습니다. 영업담당자와 통화를 하던 은지 씨는 '일부 지역에서 가격대가 비싸다는 고객 반응이 있다'는 이야기를 듣고 고객 대상 설문을 진행해 보기로 했습니다. 설문지를 만드는 데에도 챗GPT의 도움을 받을 수 있을까요?

01　요구할 사항이 명확하므로 바로 명령어를 입력합니다.

> 프롬프트　신제품 쿠키 가격 선호도 파악을 위한 설문서를 만들어줘 [Enter↵]

02　별다른 정보를 주지 않았음에도 불구하고 문제없이 설문지를 만들어 줍니다.

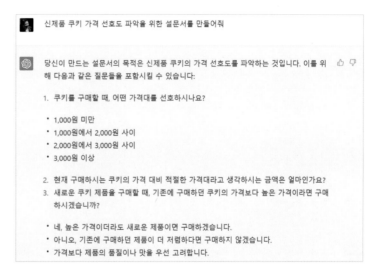

03　답변이 진행되는 도중 끊어지는 경우가 있습니다. 이번 예제처럼 답변 내용이 긴 경우 특히 그렇습니다. 이럴 때에는 '계속'이라고 입력하고 [Enter↵] 키를 누르면 답변을 이어서 계속합니다.

04 각 문항 앞에 있는 가운데 점(•) 대신 체크
상자를 추가할 수도 있습니다.

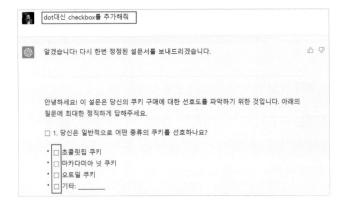

05 체크 상자 앞에 가운데 점이 보이지만 설
문지 내용을 복사한 다음, 윈도우 '메모장'
프로그램에 붙여넣기 해보면 사라져 있습
니다.

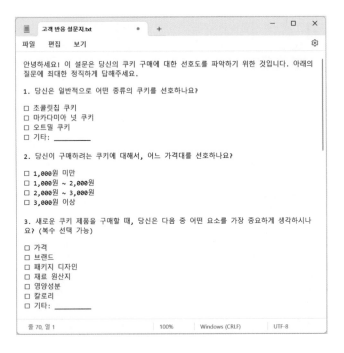

06 필요에 따라 문항을 추가하거나 삭제하여 설문지를 완성합니다. 챗GPT를 이용하면 설문지도 짧은 시간 안에 효과적으
로 만들 수 있습니다.

05 실무 계약서 만들기 SECTION

◉ **예제 파일**: 예제\07장\물품 공급 계약서.txt, 물품 공급 계약서.docx

'델리시아'의 신제품 '오가닉 쿠키 크럼블'이 시장에서 큰 반응이 이어지자 대형 카페 프랜차이즈에서 연락이 왔습니다. 협상이 잘 진행되어 델리시아의 상품을 공급하게 되었습니다. 챗GPT로 '물품 공급 계약서'를 만들어 봅니다.

01 프롬프트를 작성합니다.

> 프롬프트 물품 공급 계약서를 작성하려고 한다. 어떤 항목들이 들어가야 하는 지 알려줘 Enter↵

02 계약서에 어떤 내용들이 들어가면 되는지 윤곽이 파악되었습니다.

> 물품 공급 계약서를 작성하려고 한다. 어떤 항목들이 들어가야 하는 지 알려줘
>
> 물품 공급 계약서에는 다음과 같은 항목들이 포함되어야 합니다.
>
> 1. 계약 일자: 계약서 작성일자를 기재합니다.
> 2. 계약 당사자: 공급자와 구매자의 정보를 상세히 작성합니다. 각 당사자의 이름, 주소, 대표자 정보 등이 포함됩니다.
> 3. 물품 정보: 공급할 물품의 상세한 정보를 기재합니다. 물품명, 모델명, 규격, 수량, 단가, 총 금액 등이 포함됩니다.
> 4. 납품 일정: 물품의 납기일자와 납품 장소를 명시합니다.
> 5. 계약 조건: 계약금액, 지불 방법, 보증금, 계약 해지조건 등 계약의 조건을 상세히 작성합니다.
> 6. 기타 사항: 상호 협의 사항, 계약 유효 기간 등의 부가적인 정보를 작성할 수 있습니다.
>
> 위의 항목들은 계약서 작성 시 필수적으로 포함되어야 할 사항들이며, 상황에 따라 추가적인 사항을 포함할 수도 있습니다. 계약서 작성 전, 각 당사자는 상호 협의를 통해 필요한 내용을 구체화하고, 각 항목에 대한 자세한 내용을 작성하는 것이 좋습니다.

03 챗GPT가 알려준 답변에 내용을 추가하여 계약서를 보완합니다.

> 위 항목에 인도조건, 지체배상금, 검수, 대금 지급방법, 하자보증 물품의 안전책임, 계약의 해제 항목을 추가하여 실제 물품 공급 계약서 형태로 변환해줘
>
> 아래는 물품 공급 계약서에 추가적인 항목들을 포함하여 작성한 예시입니다. 상황에 따라서 내용이 추가/변경될 수 있으므로 참고용으로만 활용해주시기 바랍니다.
>
> [물품 공급 계약서]
>
> 계약일자: [YYYY년 MM월 DD일]
>
> 1. 계약 당사자
>
> * 공급자: [공급자 이름], 주소: [공급자 주소], 대표: [공급자 대표자 이름]
> * 구매자: [구매자 이름], 주소: [구매자 주소], 대표: [구매자 대표자 이름]
>
> 2. 물품 정보
>
> * 물품명: [물품명]
> * 모델명: [모델명]

04 워드나 아래아 한글 같은 워드 프로세스를
이용하여 계약서를 완성합니다.

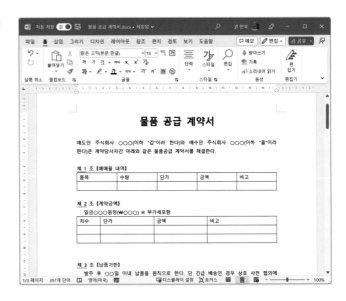

TIP **대화창을 용도에 맞게 추가해 보세요**

챗GPT를 이용하여 트렌드 키워드를 도출하는 것에서부터 계약서를 만드는 과정까지 진행
했습니다. 챗GPT 대화창을 각 단계 별로 추가하고 이름을 지정해 보세요. 한 대화창 안에서
챗GPT는 대화 내용을 기억할 수 있으므로 전문화된 작업을 할 수 있습니다.

[New chat]을 클릭하면 새 대화창이 삽입됩니다. 대화창의 이름을 변경하려면 연필 모양
아이콘(✎)을 클릭하면 됩니다.

06 응용 워드 문서 서식 한꺼번에 조정하기 SECTION

◉ **예제 파일**: 예제\07장\물품 공급 계약서(연습).docm, 물품 공급 계약서(완성).docm

챗GPT를 이용하여 워드 문서의 서식도 바꿀 수 있습니다. 예제 파일은 3쪽으로 이루어져 있고 표가 4개 있습니다. 문서 내에 있는 모든 표의 서식을 한꺼번에 변경해 보겠습니다. 표의 제목 부분을 노란색으로 칠하고 굵은 글씨로 만들어 보죠.

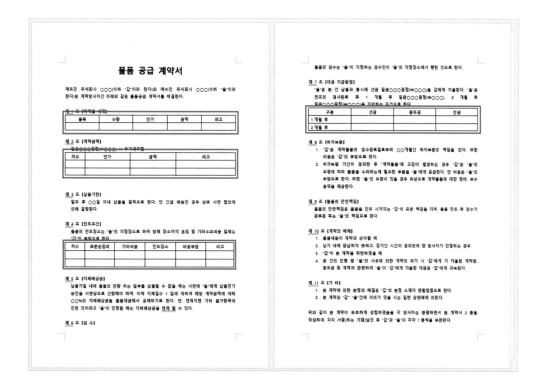

⚠️ **주의**

매크로나 VBA 코드가 포함된 워드 파일을 저장할 때에는 'Word 매크로 사용 통합 문서 (*.docm)' 형태로 저장해야 합니다. 매크로가 포함된 문서를 'Word 통합 문서 (*.docx)'로 저장하면 매크로가 모두 제거된 채 저장됩니다.

 프롬프트를 작성합니다.

프롬프트 워드에서 모든 표의 첫 행을 노란색으로 칠하고 가운데 정렬하는 vba 코드는? Enter↵

02 Enter↵ 키나 ◁ 아이콘을 눌러 코
드를 생성합니다. [Copy code]를
눌러 코드를 복사합니다.

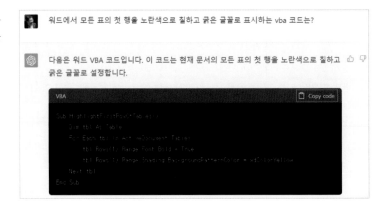

03 워드로 가서 Alt + F11 키를 누르면 엑셀에
서와 마찬가지로 Visual Basic Editor가 나
타납니다. [삽입] – [모듈]을 클릭합니다.

참고 ▶ VBA는 엑셀에만 있는 것이 아니
라 워드나 파워포인트, 액세스 같은 다른 오
피스 프로그램에도 있습니다. Alt+F11키를 누
르면 Visual Basic Editor가 나타나는 것도 동일
합니다.

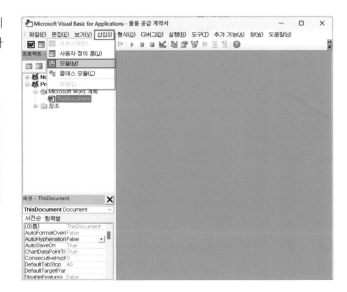

04 'Module'이 삽입됩니다. Ctrl+ V를 눌러서
02 단계에서 복사한 코드를 붙여넣기 합
니다.

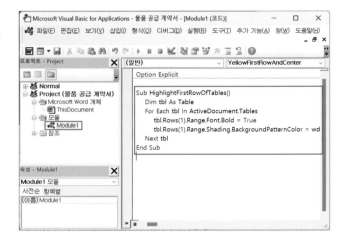

05 코드 내부를 클릭하여 커서를 옮긴 다음, 실행 아이콘()을 클릭합니다. 현재 문서(워드) 내에 있는 모든 표의 제목 서식이 한꺼번에 지정됩니다.

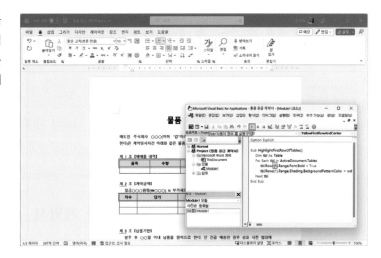

TIP

책에서 소개한 예제와 추가 자료는 다음 동영상 강의에서도 보실 수 있습니다.

▶ https://youtu.be/JwHGEz6B1ZU

07 응용 조건을 설정하여 워드 표에 서식 지정하기 SECTION

◉ **예제 파일**: 예제\07장\물품 공급 계약서(연습).docm, 물품 공급 계약서(완성).docm

여러 표 중에서 특정한 조건을 충족하는 경우에만 어떤 서식이 지정되도록 할 수도 있습니다. 이번에는 표 중에서 열이 5개 이상이면 맨 왼쪽과 오른쪽 괘선을 지우는 VBA 코드를 작성해 보겠습니다.

01 하려는 작업이 단순하므로 바로 프롬프트 작성에 들어가도 되겠습니다.

> 프롬프트 워드에서 열이 5개 이상인 표의 맨 왼쪽과 오른쪽 괘선을 지우는 vba 코드는?

02 Enter↵ 키(또는 ◁ 아이콘)를 눌러 코드를 생성한 다음 [Copy code]를 클릭합니다.

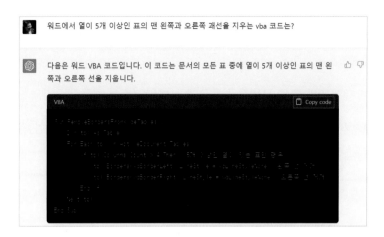

03 워드에서 Visual Basic Editor를 열고(Alt + F11) 코드를 붙여넣기 합니다(Ctrl + V).

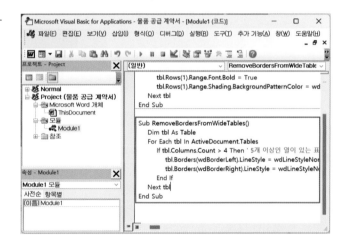

04 '코드 내부를 클릭해서 커서를 옮깁니다. 실행 아이콘(▶)을 클릭하면 현재 문서 내에 있는 표 중에서 열이 5개 이상인 표에 대해서만 맨 왼쪽/오른쪽 괘선이 제거됩니다.

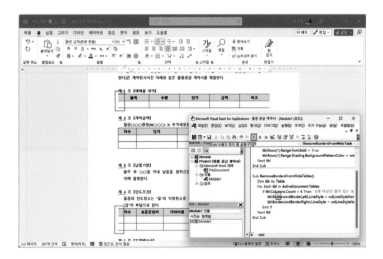

08 응용 계약서 내 모든 조항의 제목 강조하기 SECTION

◉ **예제 파일**: 예제\07장\물품 공급 계약서(연습).docm, 물품 공급 계약서(완성).docm

'물품 공급 계약서' 내용에 대한 검토가 끝났습니다. 이제 계약서를 거래처에 보내려는 순간, 팀장님의 다급한 목소리가 들립니다.

"박 대리, 잠깐 기다려봐! 계약서 각 조항의 제목을 좀 더 강조하면 좋겠어. 제1조, 제2조 이런 항목은 글자 폰트를 12로 하고 진한 글씨로 수정해봐."

챗GPT로 이런 일도 자동화할 수 있을까요?

01 챗GPT에게 일을 시킬 때에는 어떤 '규칙이나 패턴'이 있는 지 생각해 보는 것이 중요합니다. 계약서에서 각 조 제목(제 1 조 【매매물 내역】, 제 2 조 【계약금액】 등)에서는 어떤 규칙이나 패턴을 찾을 수 있을까요? 그렇죠! 다른 것도 있지만 '【' 부호가 가장 눈에 띕니다. 이 점에 착안하여 프롬프트를 작성합니다.

> **프롬프트** 워드의 모든 행에서 '【'라는 글자가 들어 있는 행은 그 행 전체의 글자 폰트를 12포인트에 굵은 글씨로 지정하는 vba 코드를 알려줘 Enter↵

02 Enter↵나 ◁ 아이콘을 눌러 코드를 생성한 다음, [Copy code]를 클릭합니다.

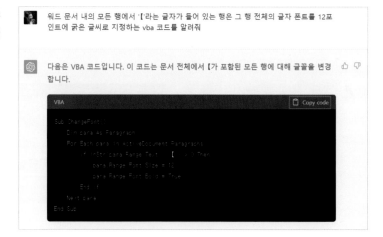

03 워드에서 Alt + F11을 눌러 Visual Basic Editor를 표시합니다. 앞 예제에서 만들어 둔 'Module1'이 있으므로 이곳에 코드를 추가합니다. 기존 코드 아래로 가서 Ctrl + V를 눌러 코드를 붙여넣기 합니다.

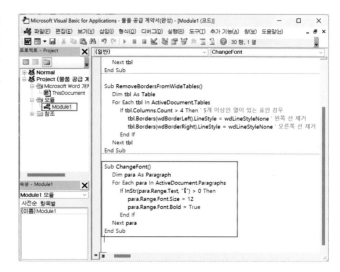

> ⚠️ **주의**
>
> 코드를 붙여넣는 위치는 중요하지 않지만 같은 프로시저 이름이 있으면 안 됩니다. 만약 같은 이름의 프로시저가 있다면 프로시저 이름을 바꾸거나 삭제하세요. 프로시저 이름은 한글이나 영문 모두 가능하나 중간에 공백이 있으면 안 됩니다.

04 코드 내부를 클릭해서 커서를 옮깁니다. 실행 아이콘(▶)을 클릭합니다. 계약서 내용 중에서 각 조의 제목 부분은 원하는 형태로 강조 표시됩니다.

> **TIP** 계약서 제목의 크기나 굵은 글씨체를 변경하려면, 챗GPT에서 다시 코드를 생성할 필요없이 다음 부분만 수정하고 프로시저를 실행하면 됩니다.

```
Sub ChangeFont()
    Dim para As Paragraph
    For Each para In ActiveDocument.Paragraphs
        If InStr(para.Range.Text, "【") > 0 Then
            para.Range.Font.Size = 12
            para.Range.Font.Bold = True
        End If
    Next para
End Sub
```

09 응용 파워포인트 슬라이드 제목 서식 통일하기 SECTION

⊙ **예제 파일**: 예제\07장\인도시장 진출 전략(연습).pptm, 인도시장 진출 전략(완성).pptm

전 세계를 강타한 한류 열풍이 인도 시장에도 불고 있습니다. '델리시아'는 조만간 세계 1위 인구대국이 될 것으로 예상되는 인도 시장의 무한한 성장성에 집중합니다. 델리시아 대표는 정은지 팀장에게 '인도 시장 진출 전략'에 대한 프레젠테이션을 지시했습니다(그렇습니다. '오가닉 쿠키 크럼블'의 엄청난 성공으로 은지 씨는 얼마 전에 팀장으로 승진했습니다).

정은지 팀장은 팀원들에게 파워포인트 양식을 나눠주고 업무 분장을 했습니다. 일주일 후, 각자 작성한 슬라이드를 취합해 본 정 팀장은 눈앞이 캄캄해졌습니다. 내용의 충실도는 차치하고, 기본적인 서식조차 제각각이었던 겁니다. 발표 기한은 다가오고 마음은 초조하기만 합니다. 일단 챗GPT를 이용하여 파워포인트 슬라이드 제목 서식을 맞춰보겠습니다.

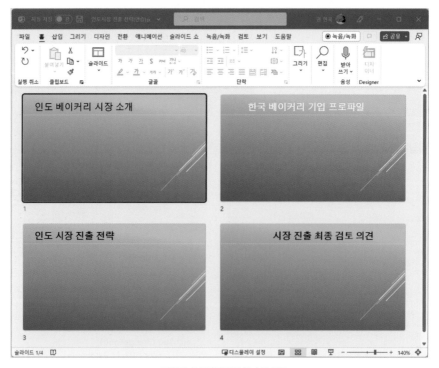

▲ 제목의 서식이 제각각인 슬라이드

 주의

매크로나 VBA 코드가 포함된 파워포인트 파일을 저장할 때에는 'PowerPoint 매크로 사용 통합 문서 (*.pptm)' 형태로 저장해야 합니다. 매크로가 포함된 문서를 'PowerPoint 통합 문서 (*.pptx)'로 저정하면 매크로가 모두 제거된 채 저장됩니다.

01 슬라이드 제목은 서식이 다르지만 한 가지 공통점이 있습니다. 글자 크기가 일정 크기를 넘습니다. 이 점을 이용하면 되겠습니다. 제목 서식을 '흰 색', '굵은 글씨'로 조정하겠습니다.

> **프롬프트** 파워포인트 슬라이드의 모든 텍스트 중에서 폰트 크기가 44 포인트 이상이면 폰트 색을 흰색으로 하고 굵은 글씨로 바꾸는 vba 코드를 작성해줘 Enter↵

02 Enter↵나 ◁ 아이콘을 클릭하면 코드가 작성됩니다. [Copy code]를 클릭하여 코드를 복사합니다.

> **참고** 소스 코드 내용은 예제 파일을 통해 확인하세요. 예제 파일을 열고 Alt + F11을 누르세요.

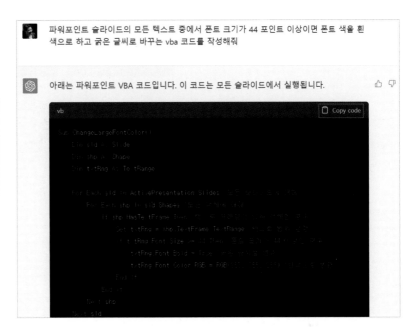

03 VBA 코드를 실행하기 위해 Visual Basic Editor를 표시합니다. 엑셀이나 워드에서와 마찬가지로 Alt + F11을 누르면 됩니다. 사용 방법도 동일합니다. [삽입] – [모듈]을 클릭하면 'Module'이 삽입됩니다.

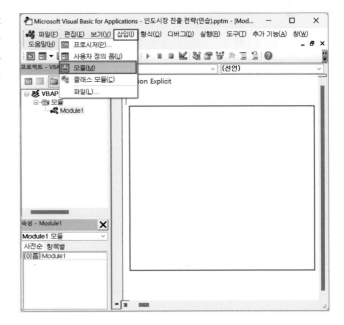

04 코드 창에서 Ctrl + V를 눌러 코드를 붙여 넣기 합니다. 프로시저 내부를 클릭하여 커서를 옮긴 다음, 실행 아이콘(▶)을 클릭합니다. 파일 내의 모든 슬라이드 제목이 지정한 대로 변경됩니다.

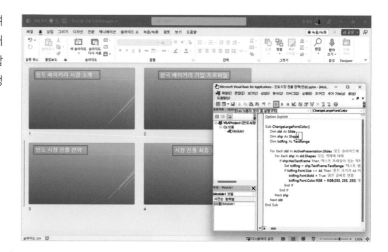

10 응용 모든 슬라이드 제목 위치 맞추기 SECTION

◉ **예제 파일**: 예제\07장\인도시장 진출 전략(연습).pptm, 인도시장 진출 전략(완성).pptm

슬라이드 제목의 글자 서식을 맞추는 작업은 완료되었는데, 슬라이드를 자세히 보면 제목의 위치가 제각각입니다. 이번에는 슬라이드 제목의 위치를 동일하게 맞춰 보겠습니다.

▲ 제목이 시작되는 위치가 제각각인 슬라이드

01 이번 예제는 생각해 보아야 할 점이 몇 가지 있으므로 키워드를 먼저 추출해 봅니다. 파워포인트 각 슬라이드의 첫 번째 도형의 위치를 조정하되, 화면 상 절대 위치(위에서 OO포인트, 왼쪽에서 OO 포인트 이동한 곳)에 도형을 표시하면 되겠죠?

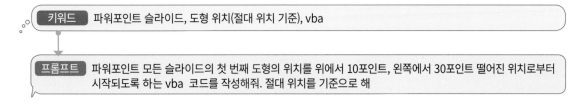

키워드 파워포인트 슬라이드, 도형 위치(절대 위치 기준), vba

프롬프트 파워포인트 모든 슬라이드의 첫 번째 도형의 위치를 위에서 10포인트, 왼쪽에서 30포인트 떨어진 위치로부터 시작되도록 하는 vba 코드를 작성해줘. 절대 위치를 기준으로 해

02 프롬프트를 입력한 다음 [Enter↵]나 ✈ 아이콘을 클릭합니다. 코드가 만들어지면 [Copy code]를 클릭하여 코드를 복사합니다.

03 파워포인트에서 [Alt] + [F11]을 눌러 Visual Basic Editor가 나타나도록 합니다. [삽입] – [모듈]을 클릭하면 'Module'이 삽입됩니다. 코드 창에서 [Ctrl] + [V]를 눌러 코드를 붙여넣기 합니다. 붙여넣을 위치는 모듈 내 어디든 상관없습니다만, 같은 이름이 있으면 안된다는 점에 유의하세요.

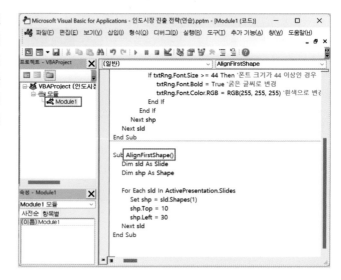

04 프로시저 내부를 클릭하여 커서를 옮긴 다음, 실행 아이콘(▶)을 클릭합니다. 파일 내의 모든 슬라이드 제목이 지정한 위치(위에서 10포인트, 왼쪽에서 30포인트 떨어진 위치)에 표시됩니다.

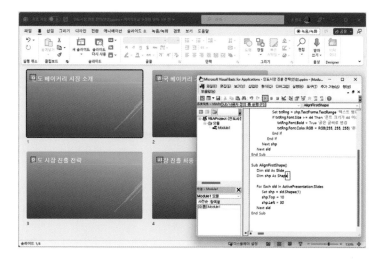

> **TIP** 슬라이드 제목 위치를 다른 곳으로 바꾸고자 할 경우, 챗GPT에서 다시 코드를 생성할 필요없이 다음 부분의 숫자값만 바꾸고 프로시저를 실행하면 됩니다.

```vba
Sub AlignFirstShape()
    Dim sld As Slide
    Dim shp As Shape

    For Each sld In ActivePresentation.Slides
        Set shp = sld.Shapes(1)
        shp.Top = 10
        shp.Left = 30
    Next sld
End Sub
```

챗GPT 필수 확장 프로그램 4가지

인터넷을 검색해 보면 챗GPT를 더욱 사용하기 편리하게 해 주는 확장 프로그램들이 많이 있습니다. 이번 장에서는 챗GPT 확장 프로그램 중에서 4개를 엄선하여 소개합니다.

'크롬 웹 스토어'에는 다양한 챗GPT 확장 프로그램이 올라와 있습니다. 하지만 요즘처럼 개인 정보 보안이 중요한 때에 아무 프로그램이나 설치하면 곤란을 겪을 수 있습니다. 아무리 인기가 있는 프로그램이라도 마찬가지입니다. 안전한 확장 프로그램을 찾는 3가지 팁에 대해서도 살펴보세요.

01 한글/영문 사용을 빠르고 편리하게 ― 프롬프트 지니 SECTION

챗GPT는 프롬프트를 한글로 입력하면 대답 속도가 느리고 내용도 짧으며, 오류도 자주 생깁니다. 구글 번역기를 이용하여 영어로 입력하는 방법도 있지만 챗GPT와 번역기를 오가며 작업하는 것은 번거로울 수 있습니다. '확장 프로그램'을 사용하면 이런 번거로움을 덜 수 있습니다.

01 프롬프트 지니 설치하기 Unit

01 검색창에 '프롬프트 지니'라고 입력하여 검색합니다.

02 '프롬프트 지니: ChatGPT 자동 번역기'를 클릭하면 'chrome 웹 스토어'로 연결됩니다. 화면 우측 상단에 있는 [Chrome에 추가] 버튼을 클릭합니다.

03 '프롬프트 지니 추가' 대화상자에서 [확장 프로그램 추가] 버튼을 클릭합니다.

04 확장 프로그램 설치가 끝나면 '프롬프트 지니가 Chrome에 추가'되었다는 메시지 상자가 나타납니다. [Chrome에 추가] 버튼은 [Chrome에서 삭제]로 바뀌어 있습니다.

05 챗GPT 화면으로 가서 F5나 [페이지 새로 고침] 아이콘(⟳)을 클릭합니다. 질문창의 모양이 달라집니다.

▲ 프롬프트 지니 설치 전

▲ 프롬프트 지니 설치 후

참고 ▶ 프롬프트 지니는 오픈AI가 아닌 제3자(Third-Party) 회사에서 만든 앱입니다. 따라서 화면 인터페이스나 기능은 수시로 변경될 수 있습니다.

02 프롬프트 지니 제거하기 Unit

01 앞의 02 단계에서 접속했던 사이트로 들어 갑니다. 사이트 우측 상단에 [Chrome에서 삭제] 버튼을 클릭합니다.

02 '프롬프트 지니 자동 번역기를 삭제'할 지 묻는 대화상자가 나타납니다. [삭제] 버튼을 클릭합니다.

03 챗GPT 화면으로 가서 F5나 페이지새로고
침(⟳)아이콘을 클릭합니다.

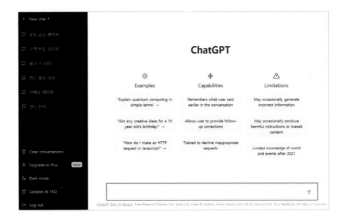

TIP   **확장 프로그램을 제거하는 또 다른 방법**

01 'URL 입력란' 오른쪽에 있는 '확장 프로그램' 아이콘을
클릭합니다.

02 설치되어 있는 확장 프로그램들이 나타납니다. 삭제하
려는 확장 프로그램 오른쪽에 있는 [추가작업] 아이콘을
클릭하고 [Chrome에서 삭제]를 선택합니다.

---

03   프롬프트 지니 사용법   `Unit`

01 프롬프트 지니를 사용하는 방법은 간단합니다. 바뀐 프롬프트 창에 질문을 입력합니다.

> **프롬프트** 한달 동안 매주 토요일마다 엑셀 vba를 배워야 한다. 가장 효과적으로 배울 수 있는 커리큘럼을 알려줘
> Enter↵

TIP 프롬프트 창에 명령을 입력하고 Ctrl + Enter↵ 를 누르면 한글 명령이 영문으로 미리보기 됩니다.

> 한달 동안 매주 토요일마다 엑셀 vba를 배워야 한다. 가장 효과적으로 배울 수 있는 커리큘럼을 알려
> 줘

> I have to learn Excel vba every Saturday for a month. Please tell me which curriculum you can
> learn most effectively

▲ Ctrl + Enter↵ 를 눌렀을 때

02 Enter↵ 키나 ◁ 아이콘을 클릭합니다. 한글 프롬프트가 자동으로 영문으로 번역됩니다. 그에 따라 챗GPT는 영문으로 답변을 합니다.

> 한달 동안 매주 토요일마다 엑셀 vba를 배워야 한다. 가장 효과적으로 배울 수 있는 커리큘럼을 알려줘
>
> **번역결과**
>
> I have to learn Excel vba every Saturday for a month. Please tell me which curriculum you can learn most effectively
>
> If you want to learn Excel VBA effectively, it's important to follow a structured curriculum that builds your skills and knowledge step by step. Here is a suggested curriculum for learning Excel VBA over a four-week period:
>
> Week 1: Introduction to VBA
>
> * What is VBA?
> * Recording macros

03 답변이 끝나면 이번에는 자동으로 한글로 번역해 줍니다.

답변 내용 면에서는 한글로 질문했을 때와 차이가 없는 경우도 있습니다만, 속도 측면에서는 확연히 차이가 납니다. 답변 도중 끊어지는 현상도 개선됩니다.

> **번역결과**
>
> Excel VBA를 효과적으로 배우려면 기술과 지식을 단계별로 구축하는 체계적인 커리큘럼을 따르는 것이 중요합니다. 다음은 4주 동안 Excel VBA를 학습하기 위한 권장 커리큘럼입니다.
>
> 1주차: VBA 소개
>
> * VBA란?
> * 기록 매크로
> * 매크로 편집
> * 버튼 또는 키 입력에 매크로 할당
> * 기본 VBA 구문
>
> 2주차: 변수 및 데이터 유형

참고 프롬프트 지니는 '크롬'이 아닌 다른 브라우저(네이버 웨일, 마이크로소프트 엣지)에서도 사용할 수 있습니다. 설치하는 방법은 크게 다르지 않습니다.

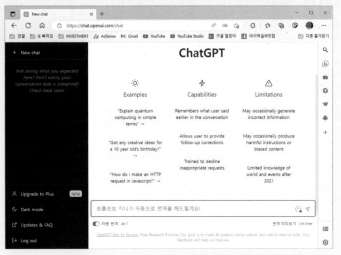

▲ 엣지(Edge) 브라우저에 설치된 챗GPT

02 정보 검색과 챗GPT 결과를 한 화면에서 보기 – ChatGPT for Google

구글링을 하면서 '검색 결과와 챗GPT를 하나의 화면에서 볼 수 있으면 좋겠다' 생각해 본 적 없으셨나요? 이 확장 프로그램을 설치하면 검색 엔진의 검색 결과와 챗GPT 내용이 함께 표시됩니다.

01   ChatGPT for Google 설치하기   Unit

01 검색창에 '크롬 웹 스토어'라고 입력하여 검색합니다.

02 'Chrome 웹 스토어'를 클릭하여 'chrome 웹 스토어'로 들어갑니다. 화면 좌측 상단 검색창에 'chatGPT'라고 입력하고 Enter↵ 키를 누르면 화면 우측에 확장 프로그램들이 나타납니다. 맨 위에 있는 'ChatGPT for Google'을 클릭합니다.

03 [Chrome에 추가] 버튼을 클릭합니다.

04 'ChatGPT for Google 추가' 대화상자에서 [확장 프로그램 추가] 버튼을 클릭합니다.

05 설치가 되면 환경 설정 화면이 나타납니다. 마우스 오른쪽 버튼을 클릭하고 [한국어로 번역] 메뉴를 선택하면 한글이 나타납니다.

06 '트리거 모드'에서 '물음표(Question)'를 선택하면 물음표가 있는 질문에 대해서만 챗GPT 결과가 함께 표시됩니다. '트리거 모드'가 '언제나(Always)'로 선택되어 있으면 검색할 때마다 챗GPT 결과가 표시되고 챗GPT 대화창도 계속 생깁니다. 다른 항목은 자신의 취향에 따라 선택하시면 되겠습니다.

07 검색어 뒤에 물음표를 입력하면 검색 결과 오른쪽에 챗GPT 결과도 함께 나타납니다.

⚠ **주의**

검색어 뒤에 물음표까지 제대로 입력했음에도 불구하고 'ChatGPT for Google' 이 제대로 작동하지 않는 경우에는 챗GPT에 로그인 하시기 바랍니다. ChatGPT for Google은 챗GPT에 로그인 되어 있어야 서로 연동됩니다.

02 ChatGPT for Google 더 편리하게 쓰는 법 `Unit`

01 'URL 입력란' 오른쪽에 있는 '확장 프로그램' 아이콘을 클릭합니다.

02 설치되어 있는 확장 프로그램들이 나타납니다. 'ChatGPT for Google' 오른쪽에 있는 [고정] 아이콘을 클릭합니다.

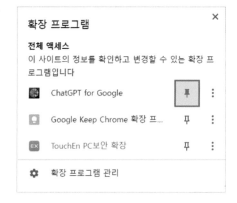

03 'URL 입력란' 오른쪽에 'ChatGPT for Google' 아이콘이 나타납니다. 챗GPT 화면으로 가지 않고도 현재 화면에서 챗GPT를 사용할 수 있습니다.

03 프롬프트 모범 답안 모음 — AIPRM for ChatGPT   SECTION

챗GPT에게 어떻게 명령을 내리느냐에 따라 결과물의 품질이 달라집니다. 챗GPT에서 자주 사용할 만한 프롬프트들을 미리 만들어 놓은 템플릿 프로그램이 있습니다. 'AIPRM for ChatPRM'이 바로 그것입니다. '프롬프트 모범 답안 모음'이라고 할까요? 참고로 AIPRM은 AI Prompt Manager, 즉 'AI 프롬프트 관리자'라는 뜻을 담고 있습니다.

01 AIPRM for ChatGPT 설치하기   Unit

01 'Chrome 웹 스토어' 검색창에 'aiprm'이라고 입력하여 검색합니다. 'AIPRM for ChatGPT'를 클릭합니다.

02 [개요]와 [리뷰]를 살펴보면 이것이 어떤 프로그램인지, 불편함이나 잠재적인 리스크는 없는 지 등에 대해 파악할 수 있습니다. 사용하기로 결정했다면 [Chrome에 추가] 버튼을 클릭합니다.

03 'AIPRM for ChatGPT 추가' 대화상자에서 [확장 프로그램 추가] 버튼을 클릭합니다.

04 챗GPT 화면으로 가면 그림과 같은 대화 상자가 나타납니다. 'I read and acctpt these terms & conditions'에 체크하고 [Confirm] 버튼을 클릭합니다.

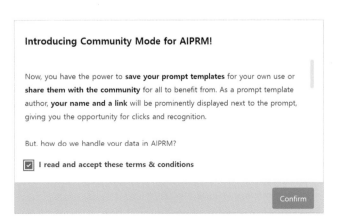

05 AIPRM for ChatGPT가 설치된 챗GPT 화면
이 나타납니다. 수많은 프롬프트들이 표시
되어 있습니다.

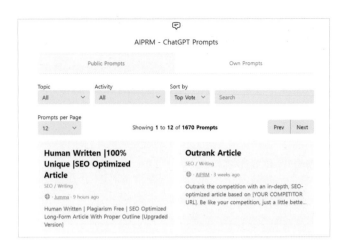

02 AIPRM for ChatGPT 사용하기 `Unit`

01 기존 '질문창' 위에 새로운 드롭다운 상자가
나타납니다. 결과물을 어떤 언어로 표시할
지, 답변 톤과 글 작성 스타일을 어떻게 할
지 지정할 수 있습니다.

02 화면 상단 위로 가 보면 2개의 카테고리
가 있습니다. [Own Prompts]는 자신만의
프롬프트를 제작하는 것이므로 여기서는
[Public Prompts]를 선택합니다.

03 주제(Topic)나 활동(Activity) 별로 선택할
수도 있고 추천을 많이 받은 프롬프트를 볼
수도 있습니다. 가장 위에 있는 'SEO에 최
적화된 글쓰기'를 선택해 보겠습니다.

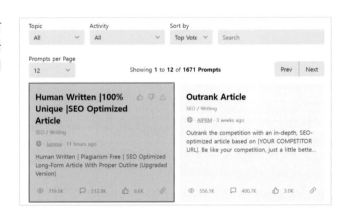

참고 ▶ **SEO란?**

SEO는 Search Engine Optimization의 줄임 말로, '검색 엔진 최적화'를 뜻합니다. 검색 엔진으로부터 어떤 웹사이트에 도달하는
트래픽의 양과 질을 개선하는 작업을 말합니다.

04　'Output in'을 '한국어'로 선택합니다. 프롬프트를 입력하고 Enter↵나 ◁ 아이콘을 클릭합니다.

05　마이크로소프트 회사 개요에서 최근 실적, 시장 동향 등 상세한 정보가 나타납니다.

06　'AIPRM for ChatGPT'가 설치되지 않은 상태에서 검색했을 때와는 확연한 차이를 보입니다.

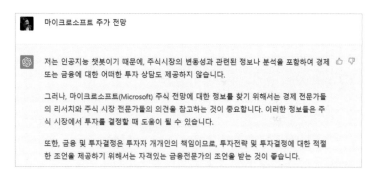

목적에 따라 챗GPT로 원하는 결과를 빠르게 생성하고자 할 때 적합한 확장 프로그램입니다.

04 챗GPT에서 최신 정보를 본다 — WebChatGPT   SECTION

현재 대한민국 대통령이 누구냐는 질문에 '문재인'이라고 답했다는 챗GPT의 오류는 많이 알려져 있습니다.

챗GPT는 2021년 데이터까지 학습되어 있기 때문입니다. WebChatGPT를 사용하면 최신 정보를 알려줍니다.

01 'Chrome 웹 스토어' 검색창에 'webchatgpt' 로 검색한 다음 'WebChatGPT'를 클릭합니다.

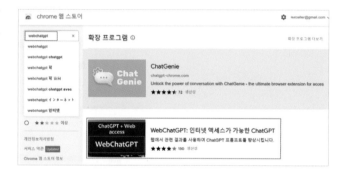

02 [Chrome에 추가] 버튼을 눌러서 확장 프로그램을 추가합니다.

03 챗GPT 화면으로 가 보면 질문 창 아래의 모양이 달라져 있습니다. 질문창에 조금 전 입력했던 프롬프트를 입력합니다.

04 Enter↵ 나 종이비행기 아이콘(◁) 을 클릭합니다. 이전과는 달리 최신 정보가 출처와 함께 표시됩니다.

현재 대한민국 대통령은 윤석열입니다. 윤석열 대통령은 2022년 5월 10일에 취임하여 2027 년 5월 9일까지 임기를 맡게 됩니다. 대한민국 헌법 제66조에서는 대통령이 국가원수로서 외국을 대표하고, 국가의 독립·영토의 보전·국가의 계속성과 헌법을 수호하며, 조국의 평화 적 통일을 위한 성실한 의무를 진다는 것이 명시되어 있습니다[1].

참고로, 대한민국의 역대 대통령들은 제1공화국 이승만부터 제6공화국 노태우까지 다양한 인물들이 역임하였습니다[2]. 윤석열 대통령은 현재 현대자동차 울산공장 및 울산 신정상가 시장을 방문하는 등의 활발한 활동을 하고 있습니다[3].

05 안전한 확장 프로그램을 찾는 3가지 팁   SECTION

'chrome 웹 스토어'에는 수많은 챗GPT 확장 프로그램이 올라와 있습니다. 이 많은 프로그램 중에서 유익하면서 안전한 확장 프로그램을 찾으려면 어떻게 해야 할까요?

팁1   '평점 4 이상'으로 필터링 하세요.

'평점 5'로 해도 되지만 그렇게 하면 너무 적게 필터링 될 수 있습니다. 적어도 '평점 4 이상'이라면 어느 정도는 신뢰할 수 있습니다. 그런 다음 [확장 프로그램 더 보기] 버튼을 클릭하면 조건에 맞는 프로그램들이 표시됩니다.

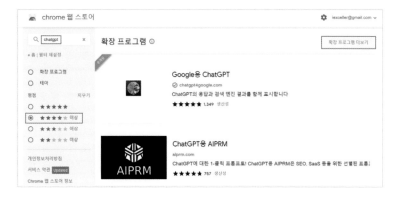

팁2   '개요'와 '리뷰'를 확인하세요

아무리 평점이 높고 리뷰 숫자가 많다고 하더라도 '개요'와 '리뷰'는 반드시 확인해 보시기 바랍니다. [모든 언어]를 선택하면 다른 나라 사람들의 평가 의견까지 포함되므로 폭넓은 의견을 볼 수 있습니다. 좋은 평가보다 부정적인 의견을 더욱 유의해서 보세요.

팁3 얼리 어댑터가 되려고 하지 마세요

크롬 확장 프로그램을 통한 해킹이 급증하고 있습니다. 다른 영역에서는 모르겠지만 확장 프로그램을 사용하는 데 굳이 얼리 어댑터가 될 필요는 없습니다. 리뷰와 평가가 높고 충분히 검증된 확장 프로그램을 사용하세요.

찾아보기

iExceller.com

3rd Edition

챗GPT + 엑셀
업무자동화 정석

이젠터 권현욱

상품기획부터 계약서 작성하여 보고서까지~ 53가지 사례로 완성하는 ChatGPT

챗GPT + 엑셀
업무자동화
정석

1판 1쇄 인쇄 2023년 4월 15일　**1판 1쇄 발행** 2023년 4월 20일
1판 3쇄 인쇄 2024년 5월 10일　**1판 3쇄 발행** 2024년 5월 15일

—

지 은 이　권현욱
발 행 인　이미옥
발 행 처　디지털북스
정　　가　15,000원
등 록 일　1999년 9월 3일
등록번호　220-90-18139
주　　소　(04997) 서울 광진구 능동로 281-1 5층 (군자동 1-4, 고려빌딩)
전화번호　(02)447-3157~8
팩스번호　(02)447-3159

—

ISBN 978-89-6088-424-3 (93000)
D-23-03

DIGITAL BOOKS
디지털북스